Sebastian Busch

Allgemeines Gleichbehandlungsgesetz
Die Umsetzung in der Betriebsratspraxis – 50 Beispiele zur Diskriminierung

Sebastian Busch

Allgemeines Gleichbehandlungsgesetz

Die Umsetzung in der Betriebsratspraxis –
50 Beispiele zur Diskriminierung

Bund-Verlag

Bibliografische Information der Deutschen Nationalbibliothek
Die Deutsche Nationalbibliothek verzeichnet diese Publikation in der
Deutschen Nationalbibliografie; detaillierte bibliografische Daten sind im Internet über
http://dnb.d-nb.de abrufbar.

© 2007 by Bund-Verlag GmbH, Frankfurt am Main
Herstellung: Wiebke Großkopf
Umschlag: Neil McBeath, Stuttgart
Satz: Druckerei C. H. Beck, Nördlingen
Druck: Freiburger Graphische Betriebe, Freiburg
Printed in Germany 2007
ISBN-10: 3-7663-3761-0
ISBN-13: 978-3-7663-3761-0

Alle Rechte vorbehalten,
insbesondere die des öffentlichen Vortrags,
der Rundfunksendung
und der Fernsehausstrahlung,
der fotomechanischen Wiedergabe,
auch einzelner Teile.

www.bund-verlag.de

Vorwort

Das Allgemeine Gleichbehandlungsgesetz ist da. Von manchen ersehnt, von anderen gefürchtet, trat es am 18. August 2006 in Kraft.

In der Realität werden sich voraussichtlich weder die Hoffnungen noch die Befürchtungen bestätigen. Deutschland wird kein Land werden, in dem nun plötzlich alle Einwohner dieselben Chancen haben. Frauen und Personen mit Migrationshintergrund wird man auch in Zukunft eher in den schlechter bezahlten Bereichen des Arbeitsmarktes anfinden. An »no-go areas« unter Kontrolle rechtsextremer Banden wird das AGG nichts ändern, und auch Behinderte und Homosexuelle werden weiterhin Probleme haben.

Ansätze dafür, ein wenig mehr Gerechtigkeit zu erreichen, sind im AGG allerdings angelegt. Diese sollten genutzt werden. Im Erwerbsleben werden Bereiche, die bislang einer praktisch wirksamen Kontrolle entzogen waren, nun einer rechtlichen Überprüfung zugänglich. Stellenanzeigen etwa müssen nicht mehr nur eine Diskriminierung von Frauen vermeiden, sie dürfen auch andere Gruppen nicht benachteiligen. Durch die Verschiebung der Beweislast zu Gunsten der Benachteiligten erhalten diese bessere Möglichkeiten als bislang, ihre Rechte auch tatsächlich wahrzunehmen.

Das AGG ist nicht deshalb beschlossen worden, weil die dort geschützten Gruppen in der deutschen Politik wesentlichen Einfluss hätten. Es wurde vielmehr durch die Europäische Union durchgesetzt, dass auch Deutschland ein Mindestmaß an Diskriminierungsschutz einführt. Entsprechend gering ist das Bemühen etablierter Entscheidungsträger, den Diskriminierungsschutz effektiv zu gestalten.

Umso wichtiger ist es, dass andere zu einer effektiven Umsetzung des Diskriminierungsschutzes beitragen und Menschen aus den benachteiligten Gruppen nicht mit der hiesigen Realität allein lassen. Die Betriebsräte haben hier eine besondere Verantwortung und besondere Möglichkeiten. Sie sind mit der betrieblichen Realität vertraut, und in zahlreichen Fällen müssen sie informiert werden, noch bevor eine möglicherweise benachteiligende Maßnahme tatsächlich durchgeführt wird. Sie sind also in der Lage, in präventiver Weise Benachteiligungen schon im Ansatz zu unterbinden. Hierzu wer-

Vorwort

den sie durch die Europäische Union wie auch durch das AGG und das Betriebsverfassungsgesetz ausdrücklich aufgefordert.

Dieses Buch soll vor allem Betriebsräten Informationen zur Verfügung stellen, mit denen sie ihrer Verantwortung tatsächlich gerecht werden können. Nach dem Betriebsverfassungsgesetz müssen Betriebsräte aktiv darüber wachen, dass Benachteiligungen unterbleiben; das AGG gibt ihnen zu diesem Zweck ein eigenes Klagerecht. Diese Möglichkeiten und Verantwortlichkeiten sollten wahrgenommen werden, was jedoch fundierten Wissens bedarf.

Der Verfasser hofft, mit dem Buch ein wenig zu einer zivilisierteren Gesellschaft beitragen zu können. Zu danken ist meiner Frau für ihr Verständnis während der Niederschrift sowie Herrn »Inspektor« B. für die Korrektur.

Inhaltsverzeichnis

Vorwort 5
Abkürzungsverzeichnis 11
Literaturverzeichnis 13

A. Einleitung 15
B. Diskriminierungsschutz im System der Menschenrechte 19
    I. Diskriminierungsschutz in der Europäischen Union 21
        1. Rechtsgrundlagen 22
        2. Anfänge: Diskriminierung wegen des Geschlechts 23
        3. Der Amsterdamer Vertrag und die
           Antidiskriminierungsrichtlinien 25
    II. Konzepte des Diskriminierungsschutzes 28
        1. Abwehrend: Das Verbot der direkten Diskriminierung 28
        2. Abwehrend und angleichend: Das Verbot der mittelbaren
           Diskriminierung 29
           a) Was ist mittelbare Diskriminierung? 29
           b) Das Problem der Datengrundlage 30
        3. Ausgleichend und fördernd: Positive Maßnahmen und
           angemessene Vorkehrungen 31

C. Das Allgemeine Gleichbehandlungsgesetz 35
    I. Aufbau, Ziele und Anwendungsbereich des AGG 35
        1. Regelungen zum Anwendungsbereich und
           Begriffsbestimmungen 35
        2. Besonders: Diskriminierungsverbot und Kündigungsschutz 36
    II. Die Regelungen im Arbeitsrecht im Einzelnen 38
        1. Die einzelnen Merkmale – wer ist geschützt? 38
           a) »Rasse« und ethnische Herkunft 39
           b) Religion und Weltanschauung 40
           c) Geschlecht 42
           d) Sexuelle Identität 42

Inhaltsverzeichnis

e) Alter	43
f) Behinderung	44
2. Abwehransprüche – was ist verboten?	46
a) Benachteiligung	47
b) Anweisung zur Benachteiligung	47
c) Diskriminierende Bewerbersuche	48
d) Unterlassen notwendiger Schutzmaßnahmen	48
e) Maßregelungsverbot	49
3. Rechtfertigung durch Anforderungen des Berufs	51
4. Rechtsfolgen verbotener Handlungsweisen	53
a) Leistungsverweigerungsrecht	53
b) Schadensersatz	54
c) Entschädigung	55
d) Entschädigung und Schadensersatz bei Anwendung diskriminierender kollektiver Regelungen	56
e) Fristen	57
5. Beweislast – wer muss was beweisen?	57
6. Erwünschtes Verhalten – vorbeugende Maßnahmen gegen Diskriminierungen	59
III. Das Klagerecht der Betriebsräte und Gewerkschaften	61
1. Wann kann der Betriebsrat klagen?	61
2. Welcher Verstoß ist grob?	63
3. Was kann der Betriebsrat geltend machen?	64
IV. Möglichkeiten für den Betriebsrat	65
1. Betriebsvereinbarungen nach § 88 BetrVG	65
2. Förderung geschützter Personen nach § 80 BetrVG	68
3. Mitbestimmung nach § 87 BetrVG	70
4. Personalplanung gemäß § 92 BetrVG	70
5. Auswahlrichtlinien nach § 95 BetrVG	71
6. Mitbestimmung bei Schulungen gemäß § 98 BetrVG	71
7. Kontrolle personeller Einzelmaßnahmen gemäß § 99 BetrVG	72
8. Mitbestimmung bei Kündigungen gemäß § 102 BetrVG	73
9. Kündigungsverlangen nach § 104 BetrVG	74
D. Beispiele zu den einzelnen Diskriminierungsmerkmalen und Tatbeständen	75
I. Diskriminierung im Einstellungsverfahren	75
1. Beispielsfall: Mittelbare Diskriminierung bei der Bewerbersuche	75
2. Beispielsfall: Anweisung zur Diskriminierung bei der Bewerbersuche	77

3. Beispielsfall: Benachteiligung im Einstellungsverfahren 1   78
4. Beispielsfall: Benachteiligung im Einstellungsverfahren 2   79
5. Beispielsfall: Benachteiligung im Einstellungsverfahren durch kirchliche Träger 80
II. Diskriminierung beim beruflichen Aufstieg 83
   1. Beispielsfall: Benachteiligung wegen der Herkunft beim beruflichen Aufstieg 83
III. Diskriminierung bei Abmahnung und Kündigung 85
   1. Beispielsfall: Diskriminierung bei Abmahnungen 85
   2. Beispielsfall: Diskriminierung bei Kündigung 1 86
   3. Beispielsfall: Diskriminierung bei Kündigung 2 87
   4. Beispielsfall: Maßregelung durch diskriminierende Kündigung 89
   5. Beispielsfall: Diskriminierung bei Kündigung 3 90
   6. Beispielsfall: (Alters-)Diskriminierung bei Kündigung ... 92
   7. Beispielsfall: Altersdiskriminierung bei Vertragsbeendigung   94
   8. Beispielsfall: Verweigerung der Vertragsverlängerung aus nur angenommenen Gründen 95
IV. Maßregelung 97
   1. Beispielsfall: Maßregelung 1 97
   2. Beispielsfall: Maßregelung 2 98
V. Unterlassen notwendiger Maßnahmen 100
   1. Beispielsfall: Maßnahmen bei sexueller Belästigung 100
   2. Beispielsfall: Maßnahmen bei Belästigung des Beschäftigten einer Drittfirma 101
VI. Unterlassen angemessener Vorkehrungen 103
   1. Beispielsfall: Angemessene Vorkehrungen bei Behinderung   103
VII. Zukunftsmusik – Zweifelsfragen zum Weiterdenken 106
   1. Beispielsfall: Diskriminierung durch Anwesenheitspflicht?   106
   2. Beispielsfall: Diskriminierung durch das Zugrundelegen nationalen Unterhaltsrechts? 107
   3. Beispielsfall: Diskriminierung durch unterschiedliche Löhne? 107

Anhang I   Allgemeines Gleichbehandlungsgesetz (AGG) 109
Anhang II   Antirassismusrichtlinie 129
Anhang III   Rahmenrichtlinie 143
Anhang IV   Genderrichtlinie 155

Stichwortverzeichnis 163

Abkürzungsverzeichnis

AGG	Allgemeines Gleichbehandlungsgesetz
BGB	Bürgerliches Gesetzbuch
BetrVG	Betriebsverfassungsgesetz
bzgl.	bezüglich
bzw.	beziehungsweise
EU	Europäische Union
EuGH	Europäischer Gerichtshof
ff.	fortfolgende
GdB	Grad der Behinderung
KSchG	Kündigungsschutzgesetz
NJW	Neue Juristische Wochenschrift
NZA	Neue Zeitschrift für Arbeits- und Sozialrecht
SGB IX	Neuntes Sozialgesetzbuch
TzBfrG	Teilzeit- und Befristungsgesetz
u. a.	unter anderem
usf.	und so fort
vgl.	vergleiche

Literaturverzeichnis

Bayreuther
Kündigungsschutz im Spannungsfeld zwischen Gleichbehandlungsgesetz und europäischem Antidiskriminierungsrecht, Der Betrieb 2006, 1842

Düwell
Die Neuregelung des Verbots der Benachteiligung wegen Behinderung im AGG, Der Betrieb 2006, 1741

Joussen/Ziegler
Behinderte Arbeitnehmer. Besondere Regelungen im Arbeits- und Sozialrecht, 2005

Klebe/Ratayczak/Heilmann/Spoo
Betriebsverfassungsgesetz. Basiskommentar mit Wahlordnung, 13. Aufl. 2006

Nollert-Borasio/Perreng
Allgemeines Gleichbehandlungsgesetz (AGG). Basiskommentar zu den arbeitsrechtlichen Regelungen, 2006

A. Einleitung

Im August 2006 trat das Allgemeine Gleichbehandlungsgesetz (AGG) in Kraft. Es konkretisiert Diskriminierungsverbote, die sich aus den Menschenrechten und den Werten der Mitgliedsländer der Europäischen Union ergeben.

Artikel 3 des Grundgesetzes der Bundesrepublik enthält seit langem die Bestimmung, dass niemand wegen seines Geschlechts, seiner Abstammung, seiner »Rasse«[1], seiner Sprache, seiner Heimat oder Herkunft, seines Glaubens, seiner religiösen oder politischen Anschauungen oder einer Behinderung benachteiligt werden darf. Eine ähnliche Bestimmung enthielt Artikel 20 der Verfassung der DDR.

Dennoch wissen alle, die sich ein wenig für die Realität interessieren, dass derartige Benachteiligungen vorkommen. Frauen und Angehörige ethnischer Minderheiten finden sich selten in den gut bezahlten Führungspositionen. Behinderten wird die Einstellung verweigert. Jugendliche mit Migrationshintergrund haben schlechtere Chancen, einen Ausbildungsplatz zu kriegen. Älteren Arbeitnehmern wird nahe gelegt, aus dem Erwerbsleben auszuscheiden. Frauen, die ein Kopftuch tragen, kriegen Probleme auf der Arbeit, wenn sie islamischen Glaubens sind.

Die Liste lässt sich lange fortsetzen. Die Realität entspricht nicht den Vorgaben der Verfassung und des internationalen Rechts. Ein Gesetz, das hier versucht Abhilfe zu schaffen, war überfällig. Dennoch hätte es in Deutschland sicherlich kein Allgemeines Gleichbehandlungsgesetz gegeben, wenn dieses nicht zwingend von der Europäischen Union gefordert worden wäre.

Kaum ein Gesetzesvorhaben der letzten Jahre wurde derart intensiv und emotional öffentlich diskutiert wie der Diskriminierungsschutz. Dass man als Flugzeugpassagier nach dem (verfassungswidrigen) Luftsicherheitsgesetz im Falle einer Entführung hätte abgeschossen werden dürfen, war kein großes Thema. Dass Diskriminierung verboten werden soll hingegen schon.

---

1 Es gibt keine verschiedenen menschlichen Rassen. Der Begriff Rasse ist in Deutschland aufgrund der Rassengesetze der Nazis extrem belastet. Er wird hier deshalb durchgängig in Anführungszeichen verwendet.

Einleitung

Vom Ende der Vertragsfreiheit war die Rede, vom Aufzwingen ausländischen Rechts auf die deutsche Rechtsordnung und einer »Bevormundung« aus Brüssel. Von der »Neuen Juristischen Wochenschrift (NJW)« bis zum »Spiegel« durften sich Autoren über das Gesetzesvorhaben auslassen, die zwar vom Thema keine Ahnung haben, dafür jedoch umso schrecklichere Horrorgeschichten über die Folgen des Gesetzes in die Welt setzten. Unternehmensberater malen Schadensersatzforderungen biblischen oder zumindest amerikanischen Ausmaßes an die Wand, die sich nur durch den Besuch ihrer Kurse abwenden lassen.

Wer sich in der Praxis mit dem AGG auseinandersetzt, tut dies also vor dem Hintergrund einer nicht eben geneigten Stimmung. Umso wichtiger ist es, qualifiziert argumentieren zu können. Das AGG ist ein Gesetz, über das man reden kann wie über andere Gesetze auch. Es enthält Regelungen, die in zahlreichen anderen Ländern[2] seit Jahren und Jahrzehnten zum selbstverständlichen Standard gehören. Nirgends ist die Zivilisation untergegangen oder die Wirtschaft zum Erliegen gekommen.

Im Gegenteil: Was das AGG anstrebt, nämlich die gleichberechtigte Teilhabe aller am Erwerbsleben, dient nicht nur den Menschenrechten. Zahlreiche Unternehmen haben mittlerweile erkannt, dass eine möglichst vielfältige Belegschaft auch ihren Geschäftsinteressen dient. Wer Benachteiligungen vermeidet und für Chancengleichheit sorgt, betreibt unvermeidlich zeitgleich, was als »*Diversity Management*« zum Standard zahlreicher Großunternehmen gehört.

Mit dem AGG werden die Betriebsräte eingeladen und auch aufgefordert, ihren Teil zu einer gerechteren Arbeitswelt beizutragen. Schon nach dem Betriebsverfassungsgesetz (BetrVG) haben Betriebsräte darüber zu wachen, dass sämtliche Ungleichbehandlungen unterbleiben. Das AGG macht ihnen diese Aufgabe leichter, indem es neue Instrumente und Maßstäbe liefert.

Die neuen Aufgaben jedoch erfordern auch vertiefte Kenntnisse der Rechtslage. In der Praxis stellen sich dem Betriebsrat nun Fragen wie etwa:
- Ist das Gleichbehandlungsgesetz bei Kündigungen wirklich unanwendbar?
- Habe ich bei einer Kündigung wegen Krankheit nur das Mitbestimmungsrecht nach § 102 BetrVG oder kann ich gemäß § 17 AGG Klage auf Unterlassung der Kündigung erheben, weil es tatsächlich eine Kündigung wegen Behinderung ist?
- Worauf muss ich achten, wenn ich meine Aufgabe erfüllen will, für ein Einstellungsverfahren ohne Benachteiligungen zu sorgen?

---

2 Neben den Ländern der Europäischen Union etwa die Vereinigten Staaten Südafrika, Namibia, Brasilien, Indien und Kanada.

Einleitung

Dieses Buch soll hier eine Hilfe sein. Betriebsräten und anderen, die mit der betrieblichen Praxis zu tun haben, sollen die Grundzüge des Diskriminierungsschutzes nahe gebracht und an Beispielen erläutert werden. Hierbei konzentriert sich das Buch auf Problemstellungen, die in Betrieben mit Betriebsrat tatsächlich vorkommen werden sowie auf Fragen, die in der Arbeit der Betriebsräte vorkommen.

Andere hochinteressante Probleme, wie etwa die prozessrechtlichen Probleme des AGG oder auch dessen Anwendung in betriebsratslosen Kleinbetrieben, werden bestenfalls gestreift.

Das AGG ist unverständlich, wenn es nicht vor dem Hintergrund der europäischen Richtlinien gelesen wird. Diese wiederum basieren auf jahrzehntelangen Diskussionen und Erfahrungen des internationalen Menschenrechtsschutzes.

Zuerst wird deshalb angerissen, welchen Stellenwert der Grundsatz der Gleichbehandlung im System der Menschenrechte einnimmt. Anschließend wird dargestellt, wie dies auf europäischer Ebene für die Wirtschafts- und Wertegemeinschaft der Europäischen Union konkretisiert wurde.

Dann folgt die Darstellung der wesentlichen Elemente des Diskriminierungsschutzes. Hier wird etwa dargelegt, weshalb Diskriminierungsschutz ohne das Konzept der »mittelbaren Diskriminierung« nicht auskommt und was mit »positiven Maßnahmen« gemeint ist.

Anschließend folgt die Darstellung und Diskussion des AGG selbst, beschränkt auf die Regelungen zum Erwerbsleben. Hierbei sollen einfache Beispiele im Text das Verständnis erleichtern.

Abschließend folgen komplexere Beispielsfälle, an denen aufgezeigt werden soll, wie die Regelungen des AGG in der Praxis zu verstehen und anzuwenden sind.

B. Diskriminierungsschutz im System der Menschenrechte

Gleichheit und Nicht-Diskriminierung sind Konzepte, die im System des Menschenrechtsschutzes zentral sind. Die Menschenrechte sind Rechte, die **jedem Menschen** allein aufgrund seines Menschseins zustehen. Ein Diskriminierungsverbot ist hiermit untrennbar verbunden – kein Mensch soll weniger Rechte haben, weil er das »falsche« Geschlecht, die »falsche« Hauttönung usf. hat. Die internationalen Übereinkommen zum Schutz der Menschenrechte enthalten deshalb durchgängig eine Klausel, der zufolge die garantierten Rechte unabhängig von persönlichen Merkmalen zu gewährleisten sind.

Diskriminierungsverbote sind deshalb nicht etwa eine Einschränkung der Freiheit, sie dienen vielmehr dazu, Freiheit für alle zu ermöglichen.

Bei Menschenrechten denkt man zuallererst an den Schutz des Einzelnen vor Eingriffen des Staates. Der Beginn des Menschenrechtsschutzes lag denn auch darin, Personen vor unzulässigen Eingriffen durch den Staat zu schützen.

In den letzten Jahrzehnten hat sich jedoch die Erkenntnis durchgesetzt, dass Gleichheit oder auch nur Nicht-Diskriminierung nicht erreicht werden kann, wenn Diskriminierung nur den staatlichen Stellen verboten ist. In marktwirtschaftlichen Systemen entscheiden private Akteure darüber, wer einen Arbeitsplatz, eine Wohnung und ähnlich existenzielle Dinge erhält oder eben nicht erhält. Der Staat muss deshalb nicht nur selber die Menschenrechte einhalten. Er muss auch dafür sorgen, dass diese im Verhältnis der Bürger untereinander zur Geltung kommen.[3]

Deshalb bedeutet Diskriminierungsschutz nicht nur das Verbot von Diskriminierungen. Es geht vielmehr darum, die tatsächliche Inanspruchnahme der Rechte durch alle zu gewährleisten und allen eine gleichberechtigte Teilnahme an der Gesellschaft zu ermöglichen. Zu diesem Zweck ist zu untersuchen, welche Hindernisse der gleichberechtigten Teilnahme entgegenstehen, damit diese Hindernisse möglichst beseitigt werden können. Auf diese

---

3 In der Rechtsprechung des Bundesverfassungsgerichts wird dies als Schutzpflicht des Staates bezeichnet.

Diskriminierungsschutz im System der Menschenrechte

Weise können dann auch strukturelle Benachteiligungen ausgeglichen werden, die durch ein bloßes Diskriminierungsverbot nicht erfasst werden können.

> **Beispiel:** In der Bundesrepublik sind Kinder aus Familien mit Migrationshintergrund faktisch im Schulsystem benachteiligt. Dies setzt sich fort von der Ausbildungsplatzsuche bis zur Beschäftigung. Um die Benachteiligung tatsächlich zu beenden, wird es erforderlich sein, die Ursachen für die Benachteiligung zu erforschen und dieser dann bereits im Kindergarten und der Schule zu begegnen, etwa durch gezielte Sprachförderung.

Die europäischen Richtlinien, die mit dem AGG umgesetzt werden sollen, nehmen Bezug auf internationale Übereinkommen[4] zum Schutz vor Diskriminierung. Mit den Richtlinien erfüllen die Mitgliedsländer auch ihre Verpflichtungen aus diesen Übereinkommen. Im Zweifel sind deshalb sowohl das AGG wie auch die Richtlinien vor dem Hintergrund dieser Übereinkommen auszulegen und anzuwenden. Ausdrücklich genannt werden in den Richtlinien die folgenden Übereinkommen und Verträge:
- UN-Übereinkommen über die Beseitigung aller Formen der Diskriminierung von Frauen;
- Internationales Übereinkommen zur Beseitigung jeder Form von Rassendiskriminierung;
- Internationaler Pakt der UN über bürgerliche und politische Rechte;
- Internationaler Pakt der UN über wirtschaftliche, soziale und kulturelle Rechte;
- Übereinkommen 111 der Internationalen Arbeitsorganisation gegen Diskriminierung in Beschäftigung und Beruf.

---

4 Bei der Bundeszentrale für politische Bildung lässt sich das Buch »Menschenrechte« zum Versandkostenpreis beziehen, in dem sämtliche relevanten internationalen Übereinkommen abgedruckt sind.

I. Diskriminierungsschutz in der Europäischen Union

Das Allgemeine Gleichbehandlungsgesetz beruht auf europäischen Vorgaben zum Diskriminierungsschutz. Europäisches Recht stellt strukturell etwas anderes dar als die zuvor genannten Instrumente des internationalen Rechts. Viele Staaten unterzeichnen internationale Abkommen – etwa gegen Folter, Diskriminierung oder Kinderarbeit –, verhalten sich in der eigenen Praxis jedoch nicht diesen Abkommen entsprechend. Durchsetzungsinstrumente gibt es im internationalen Recht kaum.

Ausschüsse der Vereinten Nationen können feststellen, dass ein Staat gegen ein Abkommen verstößt, der Staat kann jedoch hierfür nicht bestraft werden.

Anders im europäischen Recht. Die Mitgliedsländer haben den europäischen Institutionen weit gehende Befugnisse eingeräumt. Abkommen über Mindeststandards in Europa sollen nicht nur Lippenbekenntnisse sein, es soll vielmehr tatsächlich ein einheitlicher Rechts- und Wirtschaftsraum erreicht werden. Dies wird maßgeblich auch über Richtlinien verwirklicht. Hier einigen sich die Staaten zunächst über gemeinsame Grundsätze, die überall gelten sollen. Diese werden dann in Richtlinien festgeschrieben. Die Richtlinien geben den Staaten vor, welche Maßnahmen sie zu treffen haben und bis wann dies umgesetzt sein muss. Die Staaten müssen der Europäischen Kommission über den Fortschritt berichten. Verstoßen sie gegen ihre Verpflichtungen, kann der Europäische Gerichtshof empfindliche Geldstrafen gegen die Staaten festlegen.

Eine weitere wichtige Aufgabe des Europäischen Gerichtshofs ist die verbindliche Auslegung des Europäischen Rechts. Beruht ein Gesetz auf europäischen Vorgaben, kann der Europäische Gerichtshof verbindlich darüber entscheiden, wie diese Vorgaben auszulegen sind. Die nationalen Gerichte müssen sich dann daran halten.

Im Kontext des Diskriminierungsschutzes bedeutet dies, dass die Vorschriften des AGG und deren Anwendung durch die Gerichte der Bundesrepublik nicht das letzte Wort sind. Bei zahlreichen Vorschriften wird der Europäische Gerichtshof darüber entscheiden müssen, ob das AGG den europäischen Vorgaben entspricht.

Diskriminierungsschutz im System der Menschenrechte

1. Rechtsgrundlagen

Die Europäische Menschenrechtskonvention enthält in ihrem Artikel 14 eine Bestimmung, der zufolge alle in der Konvention gewährleisteten Rechte ohne Unterschied aus Gründen wie des Geschlechts, der »Rasse«, der Hautfarbe, Sprache, Religion usf. zu gewährleisten sind. Dieses Diskriminierungsverbot bezieht sich allerdings nur auf die in der Menschenrechtskonvention selbst genannten Rechte.

Die Europäische Sozialcharta führt in ihrer Präambel aus, dass alle sozialen Rechte ohne Diskriminierung wegen der »Rasse«, der Hautfarbe, des Geschlechts, der Religion, politischer Ansicht sowie nationaler oder sozialer Herkunft zu gewährleisten sind.

Im Kontext des Gleichbehandlungsgesetzes interessiert vor allem das Recht der Europäischen Union. Nur deren Mitgliedsländer sind an die Richtlinien zur Vereinheitlichung des Rechts gebunden und der Rechtsprechung des Europäischen Gerichtshofs unterworfen.

In den vergangenen Jahrzehnten wurden der Europäischen Union durch die Mitgliedsländer immer mehr Kompetenzen eingeräumt. Sie ist nun nicht mehr nur für Fragen des einheitlichen Wirtschaftsraums zuständig, sondern auch mit Bereichen wie Menschenrechten und Asylpolitik[5] betraut. Der Grundsatz der Nichtdiskriminierung wird mittlerweile als Grundrecht im Rahmen des Gemeinschaftsrechts betrachtet. Die – noch nicht rechtswirksame – Charta der Grundrechte der Europäischen Union formuliert in Artikel 21:

> *Diskriminierungen, insbesondere wegen des Geschlechts, der Rasse, der Hautfarbe, der ethnischen oder sozialen Herkunft, der genetischen Merkmale, der Sprache, der Religion oder der Weltanschauung, der politischen oder sonstigen Anschauung, der Zugehörigkeit zu einer nationalen Minderheit, des Vermögens, der Geburt, einer Behinderung, des Alters oder der sexuellen Ausrichtung, sind verboten.*

Hier deutet sich eine Ausweitung der geschützten Merkmale an, die in der Bundesrepublik sicherlich noch zu Diskussionen und Nachbesserungsbedarf in der Gesetzgebung führen wird. Die Mitteilung der Europäischen Kommission »Nichtdiskriminierung und Chancengleichheit für alle – eine Rahmenstrategie« vom Juni 2005 befürwortet die Ausdehnung des aus der Gleichstellung der Frauen bekannten **Mainstreaming-Konzeptes** auf alle Diskriminierungsmerkmale.

---

5 Betrachtet man nur die Bemühungen der Europäischen Union im Diskriminierungsschutz, erscheint sie als menschenrechtlich vorbildlich. Bezieht man die Abschottung der Außengrenzen gegen Flüchtlinge ein, ergibt sich ein anderes Bild.

Während also in der Bundesrepublik mit mehrjähriger Verspätung mit dem AGG nun die Richtlinien aus dem Jahre 2000 halbwegs umgesetzt wurden, wird in Europa bereits weiter gedacht und an der Verbesserung des Diskriminierungsschutzes gearbeitet.

2. Anfänge: Diskriminierung wegen des Geschlechts

Vor 1999 hatte die Europäische Union nur eine Kompetenz bezüglich der Ungleichbehandlung wegen des Geschlechts. Nach Art. 141 des EG-Vertrages sollen Ungleichbehandlungen wegen des Geschlechts nicht vorkommen. Diese Bestimmung war nicht so sehr von Idealismus geprägt, vielmehr ging es zuerst darum, für gleiche Wettbewerbschancen zu sorgen. Wenn einzelne Staaten Frauen als Niedriglohnreserve benutzen, verzerrt dies den Wettbewerb zu anderen.

Ähnlich wie in den letzten Jahren zum AGG wurde das Diskriminierungsverbot hinsichtlich des Geschlechts in der Bundesrepublik[6] zunächst belächelt und lächerlich gemacht. 1980 noch meinte der Gesetzgeber, es sei ausreichend, bei der Einstellung diskriminierten Frauen die Bewerbungskosten (sprich: die Briefmarke) zu ersetzen. Es zeigte sich dann schnell, dass die Europäische Union (damals noch Europäische Gemeinschaft) es wesentlich ernster meinte.

Zur Gleichstellung der Geschlechter ergingen zahlreiche Richtlinien sowie Entscheidungen des Europäischen Gerichtshofes (EuGH), die vor allem für das Arbeitsrecht[7] in der Bundesrepublik einschneidende Bedeutung hatten. Hier wurden die Grundsätze entwickelt, die nun auch hinsichtlich der Diskriminierungsmerkmale des AGG Bedeutung erlangen werden. Zur Gleichstellung der Geschlechter ergingen etwa die folgend kurz dargestellten Entscheidungen des Europäischen Gerichtshofs (dies ist nur eine kleine Auswahl):
- In der Sache *Defrenne* entschied der Europäische Gerichtshof bereits 1976, dass eine Regelung, der zufolge Flugbegleiterinnen mit 40 ausscheiden müssen, männliche Flugbegleiter jedoch bis 55 arbeiten dürfen und entsprechend höhere Pensionsansprüche erwerben, rechtswidrig ist. Bereits damals machte der Europäische Gerichtshof klar, die nationalen

---

6 Die frühere Lage in der DDR kann hier nicht behandelt werden.
7 Aber nicht nur dort; auch etwa die Öffnung der Armee für Frauen beruht auf der Rechtsprechung des Europäischen Gerichtshofs.

Gerichte müssten für die ordnungsgemäße Anwendung der europarechtlichen Vorschriften sorgen.
- In der Sache *Dekker* stellte der Europäische Gerichtshof 1997 klar, die Nichteinstellung einer Frau wegen ihrer Schwangerschaft sei eine direkte Diskriminierung wegen des Geschlechts. In der Sache *Jimenez Melgar* aus dem Jahre 2001 erweiterte er diesen Grundsatz auf die Nichtverlängerung eines befristeten Arbeitsvertrags wegen Schwangerschaft. In weiteren Entscheidungen (*Webb* [1994] & *Teledanmark* [2001]) machte der Europäische Gerichtshof deutlich, die Kündigung wegen Schwangerschaft sei immer unzulässig, auch dann, wenn die Schwangere ausschließlich zur Vertretung einer Schwangeren eingestellt worden sei.[8]
- In der Sache *Bilka* (1986) machte der Europäische Gerichtshof entscheidende Ausführungen zur mittelbaren Benachteiligung. Dort ging es darum, dass der Arbeitgeber die Teilzeitbeschäftigten nicht in die Vergünstigung der betrieblichen Altersvorsorge einbezogen hatte. Derartiges war damals gang und gäbe und galt als legal. Die Klägerin konnte jedoch aufzeigen, dass wesentlich mehr Frauen als Männer in Teilzeit beschäftigt sind. Die Regelung führte also dazu, dass Frauen wesentlich häufiger als Männer aus der betrieblichen Altersvorsorge ausgeschlossen waren. Der Europäische Gerichtshof entschied, dies sei als mittelbare Diskriminierung eine unzulässige Benachteiligung wegen des Geschlechts. Auf diese Entscheidung geht letztlich das nun im Teilzeit- und Befristungsgesetz (TzBefrG) verankerte Verbot der Benachteiligung Teilzeitbeschäftigter zurück.
- In der Sache *Nimz* (1991) verwarf der Europäische Gerichtshof eine Regelung eines Tarifvertrags, die Frauen mittelbar benachteiligte. Dort waren Gehaltserhöhungen abhängig von der Stundenzahl und nicht von der Betriebszugehörigkeit. Auch hier wurde darauf abgestellt, dass Teilzeitbeschäftigte hierdurch geringere Verdienstmöglichkeiten haben, da sie langsamer in den Genuss der Gehaltserhöhungen kommen. Auch dies stellt eine mittelbare Benachteiligung wegen des Geschlechts dar.
- Mit der Entscheidung *Rinner-Kühn* aus dem Jahre 1989 fiel die bis dahin in der Bundesrepublik geltende Regelung, der zufolge geringfügig Beschäftigte keinen Anspruch auf Lohnfortzahlung im Krankheitsfall hatten. Der Europäische Gerichtshof erkannte, dass auch hiervon weit überdurchschnittlich Frauen betroffen waren, und erklärte die Regelung konsequent für europarechtswidrig. In der Folge wurde die Rechtslage in der Bundesrepublik angepasst.

---

8 Die Herausnahme von Kündigungen aus dem Anwendungsbereich des AGG verstößt demnach nicht nur gegen die Richtlinien, sondern auch unmittelbar gegen die Rechtsprechung des Europäischen Gerichtshofs; dazu später.

- Schließlich leistete der Europäische Gerichtshof einen wertvollen Beitrag hinsichtlich der Zulässigkeit von »positiven Maßnahmen«, mit denen die Gleichstellung der Geschlechter auch tatsächlich erreicht werden soll. Hier gab es lange Unklarheit darüber, ob etwa Frauenförderpläne und Quoten, die naturgemäß Männer in gewisser Weise benachteiligen, eine unzulässige Diskriminierung der Männer darstellen. In mehreren Entscheidungen (*Abrahamsson und Anderson* [2000]; *Kalanke* [1995]; *Marschall* [1997]; *Badeck* [2000]) stellte der Europäische Gerichtshof klar, dass die bevorzugte Einstellung von Frauen grundsätzlich zulässig ist, solange Frauen unterrepräsentiert sind. Voraussetzung ist jedoch, dass die Frau mindestens ebenso gut qualifiziert ist wie der männliche Bewerber und dass kein Automatismus besteht, nach dem die Frau eingestellt werden muss – dem männlichen Bewerber muss eine Chance auf Einstellung verbleiben, die an seiner persönlichen Lage ansetzt. Es muss also im Einzelfall die Möglichkeit bestehen, statt einer Frau doch den männlichen Bewerber einzustellen, etwa wenn dieser behindert ist oder zahlreiche unterhaltsberechtigte Kinder hat. In derartigen Fällen muss das gesellschaftliche Ziel der tatsächlichen Gleichstellung hinter den individuellen Bedürfnissen der Bewerber zurücktreten können.

Ende der neunziger Jahre war in der Bundesrepublik weitgehend akzeptiert, dass das Verbot der Benachteiligung wegen des Geschlechts entgegen der Annahmen zwei Jahrzehnte zuvor tatsächlich umgesetzt werden muss und auf die Veränderung der gesellschaftlichen Realität zielt. Mit der Reform des Betriebsverfassungsgesetzes 2001 wurde eine Bestimmung eingefügt, der zufolge Frauen anteilsgemäß im Betriebsrat vertreten sein müssen. Wer damals vertreten hätte, dies müsse dann auch etwa für das Verhältnis von Deutschen und Ausländern im Betriebsrat gelten, hätte als Spinner gegolten, ebenso wie die »Emanzen« zwei Jahrzehnte zuvor.

Mit der Akzeptanz der Gleichstellung der Geschlechter war jedoch das letzte Wort zum Diskriminierungsschutz noch lange nicht gesprochen.

3. Der Amsterdamer Vertrag und die Antidiskriminierungsrichtlinien

In den neunziger Jahren kam es in verschiedenen europäischen Ländern zu einem starken Anstieg rassistisch motivierter Gewalttaten. Das Jahr 1997 wurde daraufhin zum »Europäischen Jahr gegen Rassismus« ausgerufen.

Mit Artikel 13 des Amsterdamer Vertrags erhielt die Europäische Union 1997 eine Regelungsbefugnis über die Benachteiligung wegen des Geschlechts hinaus – nämlich für die Bereiche »Rasse« oder ethnische Herkunft, Religion und Glauben, Behinderung, Alter und sexuelle Orientierung.

Durchaus zügig wurde von dieser Kompetenz Gebrauch gemacht; bereits im Jahre 2000 hatte man[9] sich auf die beiden Richtlinien geeinigt, die alle Mitgliedsländer bis zum Jahre 2003 umzusetzen hatten. Wesentlich gefördert wurde diese Aktivität durch die Regierungsbeteiligung Jörg Haiders in Österreich, mit der erstmals seit langem eine neofaschistische Partei in einem Mitgliedsland der Europäischen Union an der Macht beteiligt worden war.

Neben den Richtlinien beschloss die Europäische Union auch ein mehrjähriges Aktionsprogramm gegen Diskriminierung, mit dem auf allen Ebenen die Problematik verdeutlicht werden soll. Im Rahmen dieses Programms finden sowohl Informationen für die Öffentlichkeit statt wie auch gezielte Schulungen für Richter, Anwälte und Organisationen von Betroffenen. Den Verantwortlichen auf europäischer Ebene ist durchaus bewusst, dass ein Gesetz allein für den angestrebten gesellschaftlichen Wandel nicht ausreicht.

Mit dem AGG sollen gleich drei europäische Richtlinien, die für das Erwerbsleben Bedeutung haben,[10] in Deutschland umgesetzt werden. Diese folgen teils unterschiedlichen Zielsetzungen und haben verschiedene Anwendungsbereiche. Im Einzelnen geht es um die folgenden Richtlinien:

1. Die **Antirassismusrichtlinie** (Anhang II) vom 29. Juni 2000 zielt weit über die Beschäftigungsverhältnisse hinaus. In den Erwägungsgründen der Richtlinie findet sich der Hinweis, dass die Europäische Union alle Theorien, mit denen versucht wird, die Existenz verschiedener menschlicher Rassen zu belegen, zurückweist. Ziel der Richtlinie ist »die Entwicklung demokratischer und toleranter Gesellschaften (…), die allen Menschen – ohne Unterschied der Rasse oder der ethnischen Herkunft – eine Teilhabe ermöglichen«. Die Richtlinie untersagt mit diesem Ziel alle Diskriminierungen aufgrund von »Rasse« und ethnischer Herkunft u.a. in den Bereichen Erwerbstätigkeit, Berufsausbildung, Arbeitsbedingungen, Sozialschutz, Bildung sowie der Versorgung mit Gütern und Dienstleistungen einschließlich von Wohnraum. Die in diesem Buch angesprochenen Regelungen zum Diskriminierungsschutz wegen der ethnischen Herkunft im Arbeitsrecht stellen also nur einen kleinen Teil eines Gesamtkonzeptes dar, das wesentlich breiter angelegt ist.

In der Diskussion in Deutschland um das Antidiskriminierungsrecht erhielt die Antirassismusrichtlinie nicht den Stellenwert, der ihr zukommt.

---

9 Die Richtlinien wurden einstimmig von allen EU-Ländern gemeinsam beschlossen, es handelt sich also keineswegs um eine »Bevormundung aus Brüssel«.
10 Im Zivilrecht wird weiterhin die »Unisex-Richtlinie« berücksichtigt, die jedoch keine Regelungen für die Erwerbstätigkeit trifft.

Dass die Europäische Union einen Schwerpunkt auf die Bekämpfung von direktem und strukturellem Rassismus legt, wurde hierzulande leider kaum zur Kenntnis genommen. Dennoch sind sämtliche Vorschriften des AGG vor dem Hintergrund dieses übergeordneten Ziels anzuwenden und auszulegen.

2. Die **Rahmenrichtlinie** (Anhang III) vom 27. November 2000 hingegen beschränkt sich auf die Gleichbehandlung in Beschäftigung und Beruf. Da »Rasse« und ethnische Herkunft bereits durch die Antirassismusrichtlinie abgedeckt sind, sind in der Rahmenrichtlinie die Diskriminierungsverbote hinsichtlich der Merkmale Religion oder Weltanschauung, Behinderung, Alter und sexuelle Ausrichtung geregelt.

Die Richtlinie weist darauf hin, dass es sich bei dem Schutz vor Diskriminierung um ein allgemeines Menschenrecht handelt. Dem entsprechend entschied der Europäische Gerichtshof kürzlich in der Sache Mangold, eine Diskriminierung wegen des Alters sei nicht etwa deshalb legal, weil die formelle Umsetzungsfrist der Richtlinie noch nicht abgelaufen war.[11]

Hinsichtlich der beruflichen Eingliederung Behinderter sowie älterer Menschen weist die Richtlinie darauf hin, dass dies auch bereits durch die Charta der sozialen Grundrechte der Arbeitnehmer gefordert ist.

3. Die **Gender-Richtlinie** (Anhang IV) vom 23. September 2002 schließlich passt das bislang für die Gleichstellung der Geschlechter geltende Recht an die mit der Antirassismusrichtlinie sowie der Rahmenrichtlinie geschaffenen Standards an.

---

11 Dies führte zu Aufregung in Deutschland, ist aber richtig. Die Richtlinien konkretisieren Diskriminierungsverbote und setzen sie bei den Mitgliedsländern der EU verbindlich durch. Die Diskriminierungsverbote jedoch bestehen unabhängig von den Richtlinien.

II. Konzepte des Diskriminierungsschutzes

Das AGG ist aus sich selbst heraus kaum verständlich. Es stellt einen politischen Kompromiss im Rahmen der großen Koalition dar, umgesetzt wurde der Diskriminierungsschutz in der Bundesrepublik nur deshalb, weil Strafzahlungen drohten. Dem Gesetz ist anzumerken, dass es kein Herzensanliegen der in der Regierung vertretenen Parteien war.

Wer das Gesetz effektiv und vernünftig anwenden will, muss deshalb das AGG vor dem Hintergrund der internationalen Diskussion zum Diskriminierungsschutz lesen und einordnen. Dies ist auch rechtsdogmatisch geboten; das AGG sowie das europäische Antidiskriminierungsrecht dienen der Umsetzung internationaler Verpflichtungen der Bundesrepublik und müssen deshalb entsprechend dieser Verpflichtungen ausgelegt werden. Es kommt nicht darauf an, was die Parteien der großen Koalition im Jahre 2006 wollten, sondern darauf, welche Grundsätze mit dem Gesetz zur Wirkung kommen sollen.

1. Abwehrend: Das Verbot der direkten Diskriminierung

Das Verbot der direkten Diskriminierung soll umsetzen, was als »formelle Gleichheit« bezeichnet wird. Niemand soll wegen eines der geschützten Merkmale schlechter behandelt werden als eine andere Person in derselben Situation. Eine direkte Diskriminierung liegt nach den Richtlinien vor, »wenn eine Person wegen eines der genannten Gründe in einer vergleichbaren Situation eine weniger günstige Behandlung erfährt, als eine andere Person erfährt, erfahren hat oder erfahren würde«.

Direkte Diskriminierung liegt etwa vor, wenn Frauen ausdrücklich weniger Lohn erhalten als Männer oder eine Stellenausschreibung formuliert: »Bitte keine Bewerbungen vom Moslems«.

Das Verbot der direkten Diskriminierung führt dazu, dass ausdrückliche, offen benannte Ungleichbehandlungen rechtswidrig sind. Es ist allerdings nicht dazu in der Lage, strukturelle Ungleichbehandlungen angemessen zu erfassen. Bei diesen liegt das Unrecht darin, dass tatsächlich bestehende Differenzen nicht berücksichtigt werden. Die »Gleichbehandlung« die das Verbot der direkten Diskriminierung fordert, kann dann selbst zu einer Benachteiligung führen.

Beispiel: Ein Tarifvertrag bestimmt, dass Zeiten des Erziehungsurlaubs nicht in die Beschäftigungszeit einfließen, die zu einer Lohnerhöhung führt. Diese Regelung spricht nirgends von Männern und Frauen, benachteiligt also niemanden direkt. Da jedoch weit überwiegend Frauen den Erziehungsurlaub in Anspruch nehmen, führt die Regelung im Ergebnis dazu, dass Frauen im Schnitt weniger Lohn erhalten.

2. Abwehrend und angleichend: Das Verbot der mittelbaren Diskriminierung

Das Verbot der mittelbaren Diskriminierung soll Lücken schließen helfen, die das Verbot der direkten Diskriminierung offen lässt. Es wurde in den Vereinigten Staaten im Zuge des Schutzes vor Diskriminierung wegen der Hautfarbe entwickelt. Das aktuell in Europa verwendete Konzept der mittelbaren Diskriminierung beruht weitgehend auf der Rechtsprechung des Europäischen Gerichtshofs zum Verbot der Diskriminierung wegen des Geschlechts.

a) Was ist mittelbare Diskriminierung?

Mittelbare oder indirekte Diskriminierung liegt vor, wenn eine Praxis, Regelung, Anforderung oder Bedingung neutral erscheint, aber unterschiedliche Folgen im Hinblick auf bestimmte Gruppen hat. Diskriminierend im Sinne von rechtswidrig ist dies dann, wenn diese Regelung nicht objektiv gerechtfertigt ist. Die Richtlinien formulieren das Verbot wie folgt:

(Es) liegt eine mittelbare Diskriminierung vor, wenn dem Anschein nach neutrale Vorschriften, Kriterien oder Verfahren Personen mit einem der geschützten Merkmale gegenüber anderen Personen in besonderer Weise benachteiligen können, es sei denn, die betreffenden Vorschriften, Kriterien oder Verfahren sind durch ein rechtmäßiges Ziel sachlich gerechtfertigt, und die Mittel sind zur Erreichung dieses Ziels angemessen und erforderlich.

Mittelbare Diskriminierung ist demnach in drei Stufen zu prüfen. Zuerst ist festzustellen, ob eine Regelung sich im Ergebnis nachteilig auf bestimmte Personen auswirkt.

Ist dies der Fall, ist weiter zu prüfen, ob die Regelung durch ein rechtmäßiges Ziel gerechtfertigt ist. Schließlich ist zu fragen, ob die Regelung zum Erreichen dieses Ziels auch angemessen und notwendig ist. Dies soll durch einige Beispiele verdeutlicht werden:

Beispiel 1: Eine Fluggesellschaft sucht Piloten. Es wird ein Mindestmaß an körperlicher Fitness sowie Mindestanforderungen an die Sehstärke vorausgesetzt. Diese Anforderungen können wesentlich mehr jüngere als ältere Bewerber erfüllen. Die Anforderung benachteiligt demnach mittelbar wegen des Alters. Es handelt sich jedoch nicht um rechtswidrige Diskriminierung, da die Anforderung durch das Ziel der Flugsicherheit gerechtfertigt und auch notwendig ist, um dieses Ziel zu erreichen.

Beispiel 2: Ein Unternehmen sucht Mitarbeiter für das Lager. Da die höchsten Regale auf einer Höhe von 2 Metern liegen, wird eine Mindestgröße der Bewerber von 1,80 verlangt. Diese Anforderung benachteiligt Frauen und Ostasiaten, da diese die geforderte Körpergröße wesentlich seltener erreichen als europäische Männer. Die Regelung dient einem rechtmäßigen Ziel, nämlich der Erreichbarkeit aller Abstellregale durch die Beschäftigten. Die Anforderung wird jedoch kaum als notwendig betrachtet werden können, um dieses Ziel zu erreichen. Vielmehr wird von dem Unternehmen verlangt werden können, durch eine Änderung der Regalhöhe für Chancengleichheit zu sorgen.

Beispiel 3: Ein Unternehmen sucht einen Deutschlehrer, um kostenlose Sprachkurse für ausländische Beschäftigte anzubieten. In der Stellenanzeige wird eine Person gesucht, die Deutsch als Muttersprache hatte und hervorragende Deutschkenntnisse hat. Dies führt dazu, dass wesentlich mehr Deutsche als Ausländer gute Bewerbungschancen haben. Die Anforderung kann jedoch objektiv gerechtfertigt werden. Unzulässige Diskriminierung liegt nicht vor.

Beispiel 4: Ein Tarifvertrag bestimmt, dass die Gehälter mit der Betriebszugehörigkeit steigen. Hierbei wird geregelt, dass Teilzeitbeschäftigung nur im Anteil der Arbeitszeit gewertet wird. Wer also nur halbtags arbeitet, braucht doppelt so lange wie ein Vollzeitbeschäftigter, um die nächste Gehaltsstufe zu erreichen. Es kann aufgezeigt werden, dass wesentlich mehr Frauen als Männer in Teilzeit arbeiten. Die Regelung führt also dazu, dass wesentlich mehr Frauen als Männer die Vergünstigung der Gehaltserhöhung nicht erhalten. Da die Regelung kaum mit einem rechtmäßigen Ziel gerechtfertigt werden kann, stellt sie eine rechtswidrige mittelbare Diskriminierung wegen des Geschlechts dar.

b) Das Problem der Datengrundlage

Die Rechtsfigur der mittelbaren Diskriminierung erfordert einen Vergleich zwischen Personengruppen. Hierbei geht es darum, ob ein bestimmtes Merkmal bei der einen Gruppe häufiger vorkommt als bei der anderen. Dies wirft Probleme auf, wenn zuverlässige (statistische) Daten hierüber nicht vorliegen. Die Europäische Union ist bemüht, hier längerfristig Abhilfe durch entsprechende Datenerhebungen zu schaffen. Derzeit jedoch muss häufig noch mit letztlich unbewiesenen Vermutungen gearbeitet werden.

Die fehlenden Daten führen auch dazu, dass mittelbare Diskriminierungen häufig unbeabsichtigt vorkommen, weil gar nicht bekannt ist, wie sich bestimmte Regelungen auf einzelne Gruppen auswirken. Dass Männer im Durchschnitt größer sind als Frauen, ist recht offensichtlich. Andere Fälle sind weniger klar. In den Vereinigten Staaten von Amerika wurde etwa ein Fall entschieden, in dem es um Folgendes ging: Ein Unternehmen verlangte von seinen männlichen Mitarbeitern, dass diese immer frisch rasiert zur Arbeit erscheinen. Der dunkelhäutige Kläger konnte beweisen, dass Personen seiner ethnischen Herkunft weit häufiger als andere an einer Hautkrankheit leiden, die das tägliche Rasieren äußerst problematisch macht. Dies wird dem Unternehmen kaum bekannt gewesen sein, als es die Regelung über das Rasieren einführte. Auf diese Weise können Benachteiligungen entstehen, die weder bekannt noch beabsichtigt sind. Rechtswidrig sind sie dennoch, das Motiv ist für das Vorliegen einer Diskriminierung ohne Bedeutung.[12] Hier darf man sich nicht von Beiträgen verwirren lassen, die das AGG als »Gesinnungsrecht« denunzieren – entscheidend ist, ob eine Maßnahme sich diskriminierend auswirkt. Ob dies gewollt war, ist unerheblich.

Besonders bei der Diskriminierung wegen der ethnischen Herkunft ist deshalb entscheidend, dass bei Betroffenen und ihren Organisationen gefragt wird, welche Probleme tatsächlich bestehen. In der eigenen ethnischen Gruppe ist meist bekannt, welche Schwierigkeiten etwa Alter, Schwangerschaft oder Behinderung aufwerfen. Welche Probleme ein japanischer Beschäftigter mit betrieblichen Regelungen hat, wird man jedoch nur herausfinden, wenn man ihn fragt.

3. Ausgleichend und fördernd: Positive Maßnahmen und angemessene Vorkehrungen

Die europäischen Richtlinien lassen »positive Maßnahmen« ausdrücklich zu. Artikel 5 der Antirassismusrichtlinie formuliert etwa:

Der Gleichbehandlungsgrundsatz hindert die Mitgliedstaaten nicht daran, zur Gewährleistung der vollen Gleichstellung in der Praxis spezifische Maßnahmen, mit

---

12 Bei der Frage möglicher Sanktionen, wie etwa Schadensersatz, spielt es jedoch selbstverständlich eine große Rolle, ob eine Diskriminierung vermeidbar war oder nicht.

denen Benachteiligungen auf Grund der Rasse oder ethnischen Herkunft verhindert oder ausgeglichen werden, beizubehalten oder zu beschließen.

Das AGG stellt entsprechend in § 5 klar, dass positive Maßnahmen zulässig sind. Solche Maßnahmen gehen über die Diskriminierungsverbote hinaus und zielen darauf ab, die Gleichstellung in der Praxis tatsächlich zu verwirklichen. In der Bundesrepublik gibt es solche Maßnahmen bislang nur zur Eingliederung Behinderter sowie zur Gleichstellung der Geschlechter. Der Arbeitgeber muss eine bestimmte Quote von Schwerbehinderten beschäftigen. Im Betriebsrat muss das Geschlecht, das in der Belegschaft in der Minderheit ist, entsprechend seinem zahlenmäßigen Verhältnis im Betriebsrat vertreten sein (§ 15 Absatz 2 BetrVG). Hinsichtlich der Geschlechter soll der Betriebsrat nicht nur Benachteiligungen verhindern, sondern gemäß § 80 Absatz 1 Ziffer 2a »die Durchsetzung der tatsächlichen Gleichstellung fördern«. Letzteres kann gemäß § 92 Absatz 3 BetrVG auch durch Gleichstellungspläne geschehen, mit denen im Rahmen der Personalplanung gezielt der Anteil der Frauen an den Beschäftigten erhöht werden soll.[13]

Derartige »positive Maßnahmen« beruhen auf der Erkenntnis, dass auch das Verbot der mittelbaren Diskriminierung nicht ausreicht, um tatsächliche Gleichbehandlung zu erreichen. Häufig beruhen Ungleichbehandlungen auf einem ganzen Bündel von Faktoren, die gemeinsam dafür sorgen, dass Angehörige einer bestimmten Gruppe im Ergebnis weniger Chancen haben. Sie lassen sich nur effektiv beseitigen, wenn Angehörige solcher Gruppen gezielt »gefördert« werden. Hier kann nur festgehalten werden, dass solche Maßnahmen zulässig sind.[14]

Auf betrieblicher Ebene bedeutet dies, dass Maßnahmen nicht gegen das AGG verstoßen, mit denen die für bestimmte Gruppen bestehenden Nachteile ausgeglichen werden sollen. Es stellt beispielsweise eine Ungleichbehandlung dar, wenn ein Unternehmen sich entschließt, zukünftig bevorzugt Auszubildende mit Migrationshintergrund auszubilden. Dies jedoch ist zulässig, da die »bevorzugte« Gruppe auf dem Arbeitsmarkt Nachteilen ausgesetzt ist.

Das Konzept der angemessenen Vorkehrungen bezieht sich auf Menschen mit Behinderungen. Gemäß Artikel 5 der Rahmenrichtlinie müssen Arbeitgeber die geeigneten und erforderlichen Maßnahmen treffen, um behinderten Menschen eine Teilhabe am Erwerbsleben zu ermöglichen. In Deutsch-

---

13 Zu den betriebsverfassungsrechtlichen Regelungen vgl. Klebe/Ratayczak/Heimann/Spoo, BetrVG.

14 Die Diskussion um derartige Maßnahmen füllt etliche Bände und kann hier nicht einmal angerissen werden.

land ist dies – wenn auch nur für **Schwerbehinderte** – in § 81 SGB IX geregelt.

Der Arbeitgeber muss, sofern dies nicht zu unzumutbaren Belastungen führt, seinen Betrieb entsprechend den Bedürfnissen der Schwerbehinderten »barrierefrei« halten.

C. Das Allgemeine Gleichbehandlungsgesetz

Ende Juni 2006 beschloss der Bundestag das Allgemeine Gleichbehandlungsgesetz (AGG – Anhang I), mit dem die Richtlinien für die Bundesrepublik umgesetzt werden sollen. Das Gesetz trat im August 2006 in Kraft. Voraus gegangen war ein jahrelanger Streit um den zuvor als »Antidiskriminierungsgesetz« bezeichneten Entwurf. Im Folgenden werden die Grundstruktur des Gesetzes sowie die für das Erwerbsleben bedeutsamen Regelungen vorgestellt.

I. Aufbau, Ziele und Anwendungsbereich des AGG

1. Regelungen zum Anwendungsbereich und Begriffsbestimmungen

Das AGG gliedert sich im Wesentlichen in die drei Abschnitte des Artikel 1. Abschnitt I enthält Begriffsbestimmungen sowie Definitionen zum Anwendungsbereich. Abschnitt II enthält die hier vor allem interessierenden Bestimmungen zum Arbeitsrecht. Abschnitt III regelt das Benachteiligungsverbot im allgemeinen Zivilrecht.

Ziel des AGG ist nach § 1[15] die »Benachteiligungen aus Gründen der Rasse oder wegen der ethnischen Herkunft, des Geschlechts, der Religion oder Weltanschauung, einer Behinderung, des Alters oder der sexuellen Identität zu verhindern oder zu beseitigen«.

Derartige Benachteiligungen sind nach § 2 u. a. in folgenden Bereichen unzulässig:
- Zugang zur Erwerbstätigkeit (Einstellung) sowie beruflicher Aufstieg (Beförderung).

---

15 Im Folgenden beziehen sich sämtliche §§ ohne Angabe des Gesetzes auf das AGG.

Das Allgemeine Gleichbehandlungsgesetz

- Die Beschäftigungs- und Arbeitsbedingungen einschließlich Arbeitsentgelt und Entlassungsbedingungen. Zu den Entlassungsbedingungen gehören maßgeblich auch Kündigungen. Soweit im selben Paragraphen unter Absatz 4 das Gegenteil behauptet wird, ist dies europarechtswidrig und nichtig – dazu sogleich unter 2.
- Zugang zu Berufsberatung und Berufsbildung, Berufsausbildung und Weiterbildung.
- Mitgliedschaft und Mitwirkung in Beschäftigtenvereinigungen (Gewerkschaften usf.) und Arbeitgebervereinigungen.
- Sozialschutz und soziale Sicherheit.

§ 3 enthält die allgemeinen Begriffsbestimmungen zu unmittelbarer und mittelbarer Benachteiligung, Belästigung, sexueller Belästigung sowie Anweisung zur Benachteiligung.

§ 5 stellt klar, dass das Benachteiligungsverbot so genannten positiven Maßnahmen nicht im Wege steht, wenn durch geeignete Maßnahmen bisherige Benachteiligungen ausgeglichen werden sollen.

2. Besonders: Diskriminierungsverbot und Kündigungsschutz

§ 2 Absatz 4 trifft die Bestimmung: »Für Kündigungen gelten ausschließlich die Bestimmungen zum allgemeinen und besonderen Kündigungsschutz«.

Hiernach könnte man meinen, das AGG gelte nicht für Kündigungen. Dies ist jedoch falsch. Das ergibt sich zunächst aus dem AGG selbst: Nach § 2 Absatz 1 Ziffer 2 gilt das AGG für Arbeitsbedingungen einschließlich der Entlassungsbedingungen. Dies ist direkt aus den europäischen Richtlinien abgeschrieben, die diesen Anwendungsbereich zwingend vorgeben. Im europäischen Recht bedeutet Entlassung die Kündigung.[16]

In § 10 trifft das AGG selbst Bestimmungen zu Kündigungen, nämlich zur Zulässigkeit von Ausnahmen hinsichtlich des Alters etwa in der Sozialauswahl.

Die Herausnahme der Kündigungen aus dem Anwendungsbereich stellte einen politischen Kompromiss der großen Koalition kurz vor Verabschiedung des AGG dar. Auf der einen Seite musste das AGG endlich beschlossen werden, um erhebliche Strafen durch die Europäische Union zu vermeiden. Auf der anderen Seite war eine europarechtsmäßige Umsetzung des Antidis-

---

16 Dies hat der Europäische Gerichtshof in der Entscheidung Junk zu den deutschen Vorschriften zur Massenentlassung klargestellt.

Das Allgemeine Gleichbehandlungsgesetz

kriminierungsrechts in der Koalition nicht durchsetzbar. Juristisch ist die Herausnahme von Kündigungen aus dem Anwendungsbereich nicht ernst zu nehmen.

Nach Inkrafttreten des AGG erschienen Veröffentlichungen arbeitgebernaher Juristen, die versuchten, die Vorschrift irgendwie zu retten. Richtig ist hingegen folgende Betrachtung:[17]

§ 2 Absatz 4 ist europarechtswidrig. Er nimmt Kündigungen aus dem Anwendungsbereich des AGG aus. Dies ist unzulässig, da der europarechtliche Diskriminierungsschutz auch für Kündigungen gilt.[18] Folglich darf § 2 Absatz 4 insgesamt nicht angewendet werden. Die Gerichte der Mitgliedsländer der Europäischen Union, also auch unsere Arbeitsgerichte, dürfen europarechtswidrige Bestimmungen nicht anwenden. Sie müssen im Gegenteil dafür sorgen, dass europäisches Recht möglichst effektiv angewandt wird.[19]

Im Ergebnis ist das AGG auf Kündigungen im vollen Umfang anwendbar. Ein Verstoß führt nicht etwa nur zu Entschädigungsansprüchen, sondern zur Unwirksamkeit der Kündigung. Die Rechtsfolgen eines Verstoßes gegen europäisches Recht dürfen nicht geringer sein als diejenigen eines Verstoßes gegen nationales Recht.

---

17 Vgl. Nollert-Borasio/Perreng, AGG § 2 Rn 33 ff.; Bayreuther, Der Betrieb 2006, 1842.
18 EuGH vom 11.7.2006, C-13/05 zur Kündigung wegen Behinderung.
19 EuGH vom 22.11.2005, C-144/04 (Mangold).

II. Die Regelungen im Arbeitsrecht im Einzelnen

Im Folgenden soll dargestellt werden, welche Regelungen das AGG für das Arbeitsrecht aufstellt. Zusätzlich werden die Grundsätze des europäischen Rechts herangezogen, wenn das AGG allein unklar ist oder von den europäischen Regeln abweicht.

1. Die einzelnen Merkmale – wer ist geschützt?

Das AGG schützt – den Richtlinien folgend – vor Diskriminierung wegen »Rasse« oder ethnischer Herkunft, der Religion oder Weltanschauung, einer Behinderung, des Alters, der sexuellen Identität und des Geschlechts.

Die Europäische Union folgt mit der Aufnahme dieser Merkmale den internationalen Entwicklungen. Zunehmend wird erkannt, dass Diskriminierungen nicht »nur« wegen der Hautfarbe und des Geschlechts vorkommen, sondern sich auf zahlreiche Merkmale erstrecken können.[20]

Die Reichweite des AGG ist auf die genannten Merkmale begrenzt. Werden Brillenträger oder Menschen mit blauen Autos benachteiligt, mag dies willkürlich und rechtswidrig sein, es stellt jedoch keinen Verstoß gegen das AGG dar. Deshalb ist es notwendig, die einzelnen Diskriminierungsmerkmale kurz vorzustellen.

Zu Beginn ist darauf hinzuweisen, dass diese Merkmale nicht tatsächlich vorliegen müssen, um das AGG anzuwenden. Es reicht aus, dass deswegen benachteiligt wird, weil jemand meint, das Merkmal liege bei einer Person vor (§ 7 Absatz 1). Dies wird besonders deutlich am Beispiel der Diskriminierung wegen der »Rasse«. Menschliche Rassen gibt es nicht. Die Wahnvorstellung jedoch, es gäbe menschliche Rassen und einige »Rassen« wären wertvoller als andere, existiert. Der Schutz vor Diskriminierung muss hier daran ansetzen, was in der Vorstellungswelt des Diskriminierenden existiert und sich nicht an tatsächlichen Umständen orientieren.

---

20 In anderen Rechtsordnungen werden auch etwa Merkmale wie die genetische Disposition oder der HIV-Status abgedeckt.

Ebenso wird durch das AGG geschützt, wer etwa für schwul gehalten und deshalb benachteiligt wird. Ob der Betroffene tatsächlich schwul ist, spielt keine Rolle.

Im Erwerbsleben werden die »Beschäftigten« geschützt. Dies sind nach § 6 Absatz 1 nicht nur die Arbeitnehmer, sondern auch die zur Berufsbildung Beschäftigten, die Bewerberinnen und Bewerber sowie wirtschaftlich abhängige »Selbstständige« (arbeitnehmerähnliche Personen).

a) »Rasse« und ethnische Herkunft

Rassistische Diskriminierung wird international[21] definiert als Benachteiligung aufgrund von »Rasse«, Hautfarbe, Abstammung, nationaler oder ethnischer Herkunft.

Es geht also nicht nur um die Benachteiligung von »Ausländern«. Ebenso wird geschützt, wer einen deutschen Pass hat, jedoch die »falsche« Hautfarbe oder Herkunft. Demjenigen, der benachteiligt, geht es in aller Regel nicht um den Pass des Gegenübers, sondern um dessen Herkunft. Hier muss der Diskriminierungsschutz ansetzen.

Diskriminierung wegen »Rasse« oder ethnischer Herkunft liegt letztlich immer dann vor, wenn eine Ungleichbehandlung darauf beruht, dass der Betroffene von dem Handelnden als nicht zu dessen ethnischer Gruppe zugehörig betrachtet wird.

Ähnlich wie bei der Diskriminierung wegen des Geschlechts handelt es sich bei der rassistischen Diskriminierung[22] um eine festsitzende Struktur der Gesellschaft, die in unterschiedlichsten Erscheinungsformen auftritt. Schlimmstes Beispiel ist der Terror gegen Personen ethnischer Minderheiten, durch den seit Ende der achtziger Jahre in Deutschland über 100 Menschen ermordet wurden. Hierüber darf jedoch nicht vergessen werden, dass auch sehr viel subtilere Mechanismen als physische Angriffe rassistische Diskriminierung darstellen können.[23]

---

21 Vergleiche die Konvention zur Beseitigung jeder Form der Rassendiskriminierung.
22 Da es keine Rassen gibt, führt es in die falsche Richtung, von Diskriminierung »wegen der Rasse« zu sprechen. Wenn hier von rassistischer Diskriminierung die Rede ist, heißt dies nicht, dass die Diskriminierung auf rassistischen Motiven beruhen muss. Es geht vielmehr darum, dass ihr zumeist eine rassistische Struktur der Gesellschaft zu Grunde liegt.
23 Dies bedarf in Deutschland Erwähnung, da es eine Tradition der Argumentation gibt, der zufolge nicht Antisemit war, wer gegen den Massenmord war. Dies ist natürlich Unsinn. Der Antisemitismus äußerte sich lange vor Auschwitz verbal und durchzog weite Teile der Gesellschaft. Wenn rassistische Gewaltakte irgendwann nicht mehr vorkommen, bedeutet dies noch lange nicht, dass die Gesellschaft frei von rassistischer Diskriminierung ist.

Das Allgemeine Gleichbehandlungsgesetz

Rassistische Diskriminierung im Arbeitsleben beschäftigt die Gerichte vieler Länder seit langem. Sie kann mit der Benachteiligung im Einstellungsverfahren beginnen und sich durch das gesamte Erwerbsleben ziehen.

Direkte Diskriminierung liegt hier vor, wenn eine Maßnahme sich unmittelbar auf die ethnische Herkunft bezieht.

> **Beispiel 1:** Eine Stellenanzeige formuliert, es werde »eine deutsche Reinigungskraft« gesucht. Hierdurch werden Bewerber ohne deutsche Staatsangehörigkeit direkt benachteiligt.
>
> **Beispiel 2:** In einem Großunternehmen arbeiten 90 % Deutsche und 10 % Ausländer. Geschäftsführung und Betriebsrat treffen die Abrede, dass Ausländer keine Vorgesetztenfunktionen in überwiegend aus Deutschen bestehenden Abteilungen erhalten, da dies »zu Akzeptanzproblemen« führen könne. Die Vereinbarung ist als direkte Diskriminierung rechtswidrig, da sie direkt an der Herkunft ansetzt.

Mittelbare Diskriminierung liegt vor, wenn eine Maßnahme sich unterschiedlich auf Personen verschiedener ethnischer Herkunft auswirkt und nicht objektiv gerechtfertigt ist. Der Großteil der Benachteiligungen aufgrund der ethnischen Herkunft wird auf mittelbaren Benachteiligungen beruhen. Ähnlich wie bei der real unterschiedlichen Position zwischen Frauen und Männern im Erwerbsleben ist zu hinterfragen, ob bestimmte Anforderungen und Regelungen Personen mit einer bestimmten Herkunft faktisch benachteiligen.

> **Beispiel:** Herr Deniz betreibt eine Spedition. Er kommt aus der Türkei und findet es angenehm, türkische Beschäftigte zu haben. Einstellungsvoraussetzung ist bei ihm, dass Bewerber hervorragende türkische Sprachkenntnisse haben. Diese Anforderung knüpft nicht direkt an die Herkunft an, sie könnte auch von Personen nichttürkischer Herkunft nach langem Studium der Sprache erfüllt werden. Sie benachteiligt jedoch mittelbar, weil die meisten Türken, jedoch nur wenige nichttürkische Personen hervorragende türkische Sprachkenntnisse haben. Da eine Rechtfertigung nicht ersichtlich ist, ist die Anforderung rechtswidrig.

b) Religion und Weltanschauung

Was eine Religion ist, ist äußerst schwer zu definieren. Sicher fallen darunter die etablierten Weltreligionen. Problematisch jedoch kann es bei anderen Glaubensgemeinschaften werden. Dies zeigt sich etwa an der unterschiedlichen Einstufung der Scientology in der Bundesrepublik und den Vereinigten Staaten von Amerika.

Das internationale Menschenrechtssystem kennt keine allgemein akzeptierte Definition des Begriffs der Religion. In der deutschen verfassungsrechtlichen Diskussion werden Religion und Weltanschauung wie folgt umschrieben:

Das Allgemeine Gleichbehandlungsgesetz

Religion ist gekennzeichnet durch den Glauben an eine sinnerfüllte, allumfassende Wirklichkeit mit einem überweltlichem Bezug. Sie beruht auf der Überzeugung, dass der Mensch in einem Zusammenhang steht, der nicht allein mit menschlichen Maßstäben zu beurteilen und auch durch die Wissenschaft nicht erklärbar ist. In der Regel sucht sich die Religion einen überweltlichen Bezug (»Gott« bzw. Götter) und versucht, mit Gebeten und ähnlichen religiösen Praktiken Kontakt zu diesen herzustellen.

Eine Weltanschauung beschreibt dagegen gedankliche Systeme, die das Weltgeschehen in großen Zusammenhängen werten, ohne dabei auf Gott oder andere überweltliche Bezugspunkte zu verweisen. Ungeklärt erscheint noch, ob mit dem deutschen Begriff der Weltanschauung die Richtlinie vollständig umgesetzt ist. Andere Länder verwenden Begriffe, die eher mit Überzeugung zu übersetzen wären; hierdurch ergäbe sich ein weiterer Anwendungsbereich.

Geschützt ist im Wesentlichen, einer Religion oder Weltanschauung anzugehören und diese zu praktizieren. Das ist gegebenenfalls gegen Rechte anderer abzuwägen. Wird etwa am Arbeitsplatz in aggressiver Weise versucht, Kollegen zu einer bestimmten Konfession zu »bekehren«, ist dies zwar Ausdruck der Religiosität des Handelnden. Es kann jedoch gleichzeitig einen Eingriff in die Freiheit der Kollegen darstellen, von aggressiver Werbung für eine Glaubensgemeinschaft verschont zu werden.

Beispiel 1: Ein Unternehmen betreibt eine Kantine, in der die Beschäftigten zu stark subventionierten Preisen in der Pause günstig essen können. 15% der Belegschaft sind Muslime. Mittags gibt es jeweils ein Gericht. An den meisten Tagen handelt es sich um Schweinefleisch, da dies am günstigsten ist. Auf Beschwerden der muslimischen Beschäftigten hin, sie könnten deshalb nicht in der Kantine essen, erwidert die Geschäftsführung es sei zu teuer, zwei Gerichte bereit zu halten, und die Mehrheit der Beschäftigten esse am liebsten Schwein. Dieses Verhalten des Unternehmens ist rechtswidrig. Letztlich können muslimische Beschäftigte die Vergünstigung nicht nutzen, die durch das günstige Essen anderen zur Verfügung gestellt wird.

Beispiel 2: Die Spedition des Herrn Deniz (vgl. Beispiel zu »Rasse«) wurde zwischenzeitlich wegen ihrer Einstellungspraxis verurteilt. Herr Deniz verzichtet nun darauf, von Bewerbern hervorragende türkische Sprachkenntnisse zu fordern. Stattdessen bewirbt er offene Stellen ausschließlich am schwarzen Brett der örtlichen Moschee. Da hierdurch nur Muslime von offenen Stellen erfahren und sich bewerben können, verstößt Herr Deniz erneut gegen den Gleichbehandlungsgrundsatz. Er bevorzugt faktisch Muslime, ohne dass es irgendeinen sachlichen Grund hierfür gibt.

Beispiel 3: Die Lehrlinge Müller und Schulze gründen am Wochenende gemeinsam die »Kirche des heiligen Morgenschlafs«. Einziger Grundsatz der Gemeinschaft ist das strikte Verbot, vor 11:00 Uhr aufzustehen. Dies verkünden die beiden ihrem Chef am Montagmittag. Nachdem sie eine Woche lang konsequent erst um 12:00 erschienen sind, werden sie wegen beharrlichen Zuspätkommens gekündigt. Daraufhin berufen sie sich auf Diskriminierung wegen der Religion. Dies ist erfolglos; ihre Kirche stellt keine Religion dar, da sie kein geschlossenes spirituelles Weltbild aufweist. Achtung: Dass die beiden nur zu zweit sind, kann dagegen kein Argument sein. Jede Religion fängt einmal klein an.

c) Geschlecht

Im Gegensatz zur »Rasse« gibt es unterschiedliche menschliche Geschlechter tatsächlich, und wie sich diese im Grundsatz unterscheiden lassen, muss wohl nicht erläutert werden.

Unterschiedliche Behandlung wegen des Geschlechts liegt zunächst dann vor, wenn Regelungen Frauen und Männer im Ergebnis unterschiedlich betreffen. Benachteiligung wegen des Geschlechts wird jedoch auch dann angenommen, wenn eine Regelung innerhalb eines Geschlechts nach Umständen differenziert, die nur ein Geschlecht treffen können. § 3 Absatz 1 stellt klar, dass auch die Benachteiligung wegen Schwangerschaft und Mutterschaft unmittelbare Diskriminierung wegen des Geschlechts darstellt.

> **Beispiel:** Ein Unternehmen beschäftigt nur Frauen. Es wird von Frauen geführt, die rein gar nichts gegen Frauen haben. Bei Einstellungsgesprächen wird intensiv nach einem möglichen Kinderwunsch gefragt – Bewerberinnen, die nicht überzeugend darlegen, dass sie keine Kinder wollen, werden abgewiesen. Auch dies stellt Diskriminierung »wegen des Geschlechts« dar, da die Benachteiligung wegen der möglichen Schwangerschaft nur Frauen treffen kann.

Die Pilotfunktion des Rechts der Gleichstellung der Geschlechter für die Entwicklung des Diskriminierungsschutzes in Europa wurde oben bereits dargestellt.

d) Sexuelle Identität

Sexuelle Identität meint die sexuelle Orientierung einer Person. Es geht nicht um sexuell bestimmtes Verhalten, sondern um die grundsätzliche persönliche Selbstbestimmung der Person in sexueller Hinsicht. Es darf also keine Person benachteiligt werden, weil sie lesbisch oder schwul, heterosexuell, bisexuell oder auch asexuell ist.

Da es um die Identität und nicht um einzelne Verhaltensweisen geht, kann der Schutz der sexuellen Identität nicht zur Rechtfertigung unangemessenen Verhaltens dienen. Sexuelle Belästigung ist nicht Ausdruck der Identität.

Das Allgemeine Gleichbehandlungsgesetz

Diskriminierung wegen der sexuellen Identität liegt etwa vor, wenn jemand eine Stelle nicht erhält, weil er für schwul gehalten wird oder wenn nur Lebenspartner des jeweils anderen Geschlechts Anspruch auf eine Witwenversorgung aus einer betrieblichen Altersversorgung haben.

Im betrieblichen Alltag wird sicherlich stark darauf zu achten sein, inwieweit Belästigungen wegen der sexuellen Orientierung vorkommen und wie diese unterbunden werden können.

e) Alter

Dass die Diskriminierung wegen des Alters verboten ist, ist in gewisser Weise überraschend. Während sämtliche anderen Merkmale in der Geschichte bereits zu übelsten Verfolgungen bis hin zum Massenmord geführt haben, ist eine systematische Verfolgung wegen des Alters bislang ausgeblieben.

Das Verbot der Altersdiskriminierung ist in erster Linie auch vorbeugend zu verstehen. Vor dem Hintergrund der Bevölkerungsentwicklung in Westeuropa ist Entwicklungen vorzubeugen, die die »Überalterung« der Gesellschaft zum Anlass für Diskriminierungen nehmen. Dass das Verbot der Altersdiskriminierung strukturell etwas anderes ist als die sonstigen Verbotsmerkmale, zeigt sich auch daran, dass die Rahmenrichtlinie selbst in Artikel 6 zahlreiche Ausnahmen nennt, nach denen eine Ungleichbehandlung wegen des Alters keine rechtswidrige Diskriminierung darstellt. Hinsichtlich des Merkmals Alter sind also Ungleichbehandlungen im größeren Maßstab zulässig als hinsichtlich der anderen Merkmale. Ungleichbehandlungen beim Alter sind in der Regel zulässig, wenn sie verhältnismäßig und durch ein legitimes Ziel gerechtfertigt sind. Dass AGG nennt in § 10 zahlreiche Beispiele für zulässige Differenzierungen wegen des Alters.

Diskriminierung wegen des Alters bezieht sich nicht nur auf »alte« Menschen; vielmehr ist jede Altersstufe geschützt.

Beispiel 1: Die X-AG ist internationaler Marktführer für ein hochkomplexes, selbstentwickeltes Computerprogramm. Nach ihren Erfahrungen dauert es fünf Jahre, bis ein Informatiker intern soweit auf das Programm und die Vertriebsstruktur geschult ist, dass er gewinnbringend eingesetzt werden kann. Auf eine Stellenanzeige meldet sich Herr Schulz. Dieser ist 55 Jahre alt und hat keine Erfahrung mit dem Programm, ist jedoch ein hervorragend qualifizierter Informatiker. Die X-AG eröffnet ihm, er sei für den Job leider zu alt. Dies ist rechtmäßig. Die X-AG hat ein legitimes Interesse daran, nur Personen auszubilden, die sie dann auch noch für längere Zeit einsetzen kann.

Beispiel 2: Eine Fluggesellschaft sucht männliche und weibliche Flugbegleiter. Die Stellenanzeige formuliert: »Höchstalter 28 Jahre«. Dies wird damit gerechtfertigt, dass die Fluggäste gerne attraktive Flugbegleiter sehen. Der – ungewöhnlich gut

Das Allgemeine Gleichbehandlungsgesetz

aussehende – 32-jährige Herr Müller kriegt den Job nicht, weil er »zu alt« ist. Dies wird sich nicht rechtfertigen lassen. Auf die Frage, ob das Bedienen des Geschmacks der Fluggäste ein legitimes Ziel ist, kommt es hierbei nicht an. Das Mittel einer strikten Altersgrenze ist nämlich nicht erforderlich, um dieses Ziel zu erreichen.

Beispiel 3: Herr Müller hat mit 20 endlich die Pilotenausbildung bei einer großen Fluggesellschaft bestanden. Er will sofort seinen Kindheitstraum erfüllen und eine Boing 747 als Kapitän fliegen. Die internen Richtlinien allerdings verlangen hierfür eine fünfjährige Tätigkeit als Copilot und weitere fünf Jahre Erfahrung als Pilot einer kleineren Maschine. Müller klagt mit dem Argument, angesichts dieser Anforderungen hätten 20-jährige von vornherein keine Chance, Kapitän einer 747 zu sein. Müller ist nicht im Recht. Die Anforderungen an eine bestimmte Mindesterfahrung dienen der Sicherheit und damit einem legitimen Ziel.

f) Behinderung

Die Rahmenrichtlinie 2000/78 verbietet jede Diskriminierung wegen einer Behinderung. Eine Behinderung unterscheidet sich dadurch von den anderen Merkmalen, dass sie nicht bei jedem Menschen vorliegt. Jeder hat ein bestimmtes Alter, eine sexuelle Identität, eine Religion[24], ein Geschlecht und gilt als einer Ethnie zugehörig; nicht jeder ist behindert. Während den anderen Merkmalen typische Eigenschaften im Wege des Vorurteils nur zugeschrieben werden, ist die Behinderung gerade durch das tatsächliche Anderssein definiert.

Das europarechtliche Verbot der Benachteiligung wegen der Behinderung wird durch das AGG und das bisherige SGB IX umgesetzt. Dies bedeutet, dass der herkömmliche nationale Begriff der **Schwerbehinderung** für das AGG nicht zu übertragen ist; es ist vielmehr vom Begriff der Behinderung auszugehen. Eine Behinderung nach europäischem Recht kann bei einer Person vorliegen, die nach deutschem Recht nicht schwerbehindert wäre.

Deshalb gelten nun für Schwerbehinderte das SGB IX und das AGG; der Schutz vor Benachteiligungen wegen der Behinderung, die nicht als Schwerbehinderung anerkannt ist, richtet sich allein nach dem AGG.[25]

Die Vorschriften des SGB IX können im Rahmen dieses Buches nicht besprochen werden.[26]

Problematisch und derzeit noch ungeklärt ist die Frage, wie die Behinderung im Sinne des AGG von der lang andauernden Krankheit abzugrenzen ist. Dies hat erhebliche Bedeutung. Nach der bisherigen Praxis kann eine lang andauernde Krankheit die krankheitsbedingte Kündigung rechtferti-

---

24 Auch die Nichtzugehörigkeit zu allen Religionen wird geschützt.
25 Vgl. Düwell, BB 2006, 1741.
26 Vgl. dazu Joussen/Ziegler, Behinderte Arbeitnehmer, 2005.

gen, wenn eine schlechte Zukunftsprognose besteht. Wenn diese Krankheit jedoch gleichzeitig eine Behinderung darstellt, könnte die Kündigung demgegenüber als Verstoß gegen das AGG rechtswidrig sein.
Als Behinderung gilt

jede Beeinträchtigung der Teilhabe am Leben in der Gesellschaft, die auf einer länger als sechs Monate andauernden und für das Lebensalter untypischen Abweichung von der körperlichen Funktion, geistigen Fähigkeit oder seelischen Gesundheit beruht.[27]

Nach dieser Definition ließe sich jede länger als sechs Monate andauernde Erkrankung, die die Teilhabe am Erwerbsleben beeinträchtigt, als Behinderung auffassen.

Der Europäische Gerichtshof hat jedoch klargestellt, dass es so einfach nicht ist. Mit Urteil vom 11. Juli 2006[28] nahm er Stellung zur Auslegung des Begriffs der Behinderung im Kontext der Rahmenrichtlinie. Er stellte fest, Behinderung meine eine Einschränkung, die auf physische, psychische oder geistige Beeinträchtigungen zurückgehe und ein Hindernis für die Teilhabe am Erwerbsleben sei. Diese Beeinträchtigung müsse jedoch von langer Dauer sein, um im Gegensatz zur Krankheit als Behinderung zu gelten. In dem zu entscheidenden Fall war die Beschäftigte nach achtmonatiger Krankheit gekündigt worden. Dies ließ der Europäische Gerichtshof nicht als lange Dauer gelten. Die Kündigung war also rechtmäßig, da sie wegen Krankheit und nicht wegen Behinderung ausgesprochen wurde. Welche Dauer der Erkrankung der Europäische Gerichtshof letztlich als Behinderung ausreichen lässt, werden die nächsten Jahre zeigen.

Beschäftigten mit lang andauernden Krankheiten ist in jedem Falle zu raten, die Anerkennung ihrer Krankheit als Behinderung zu beantragen. Auch wenn der Grad der Behinderung keine 50 erreicht, sind sie dann nach dem AGG geschützt.[29]

Die Behinderung stellt das einzige Merkmal dar, bei dem das europäische Recht positive Maßnahmen ausdrücklich fordert. Nach Artikel 7 der Rahmenrichtlinie sind positive Maßnahmen hinsichtlich der anderen Merkmale zulässig. Nach Artikel 5 sind sie hinsichtlich der Behinderung verbindlich. Artikel 5 lautet wie folgt:

Um die Anwendung des Gleichbehandlungsgrundsatzes auf Menschen mit Behinderung zu gewährleisten, sind angemessene Vorkehrungen zu treffen. Das bedeutet, dass der Arbeitgeber die geeigneten und im konkreten Fall erforderlichen

---

27 Düwell, BB 2006, 1741.
28 C-13/05, NZA 2006, 839.
29 Zur Benachteiligung wegen einer mit einem GdB von 40 anerkannten Neurodermitis vgl. ArbG Berlin vom 13. Juli 2005, NZA-RR 2005, 608.

Das Allgemeine Gleichbehandlungsgesetz

Maßnahmen ergreift, um den Menschen mit Behinderung den Zugang zur Beschäftigung, die Ausübung eines Berufes, den beruflichen Aufstieg und die Teilnahme an Aus- und Weiterbildungsveranstaltungen zu ermöglichen – es sei denn, diese Maßnahmen würden den Arbeitgeber unverhältnismäßig belasten. Diese Belastung ist nicht unverhältnismäßig, wenn sie durch geltende Maßnahme im Rahmen der Behindertenpolitik des Mitgliedsstaats ausreichend kompensiert wird.

Betriebliche Abläufe sind demnach nach Möglichkeit so zu gestalten, dass Behinderte am Erwerbsleben teilnehmen können. Dass dies etwas kostet, muss der Arbeitgeber bis zur Grenze der Unverhältnismäßigkeit hinnehmen – er kann sich nicht darauf berufen, es wäre betriebswirtschaftlich günstiger, eine Person ohne Behinderung zu beschäftigen. Eine interessante Neuerung bringt hier der Erwägungsgrund 21 der Rahmenrichtlinie. Bei der Prüfung der Zumutbarkeit für den Arbeitgeber sind dessen Gesamtumsatz und die finanziellen Ressourcen maßgeblich. Diese muss der Arbeitgeber demnach offen legen, wenn er sich auf die Unzumutbarkeit angemessener Vorkehrungen berufen will.

> **Beispiel 1:** Frau Müller ist seit 10 Jahren in der Verwaltung der X-AG beschäftigt. Aufgrund eines schweren Leidens beginnt sie unwiderruflich zu erblinden. Um weiter arbeiten zu können, benötigt sie eine Umrüstung ihres Arbeitsplatzes, die € 10 000,– kosten würde. Die X-AG, die einen Jahresgewinn von € 2 Milliarden aufweist, hält dies für unwirtschaftlich und bittet den Betriebsrat um Zustimmung zur krankheitsbedingten Kündigung. Das Ansinnen ist rechtswidrig. Angesichts der finanziellen Möglichkeiten der X-AG stellt es keine unverhältnismäßige Belastung dar, den Arbeitsplatz den Bedürfnissen der Frau Müller entsprechend umzubauen.
>
> **Beispiel 2:** Frau Müller ist mit demselben Leiden bei der B-GmbH beschäftigt, die sechs Mitarbeiter hat und seit Jahren knapp an der Insolvenz vorbeiwirtschaftet. Die B-GmbH hat mehrfach bei der zuständigen Behörde darum gebeten, sie bei dem Umbau des Arbeitsplatzes der Frau Müller zu unterstützen. Die Anträge wurden abgelehnt; auch die Bank weigert sich, einen Kredit zur Verfügung zu stellen. Hier kann die B-GmbH kündigen, da die angemessenen Vorkehrungen sie unverhältnismäßig belasten würden.

2. Abwehransprüche – was ist verboten?

Kern des AGG sind die Normen, die Benachteiligungen wegen eines der Merkmale verbieten. Positive und präventive Maßnahmen sind nur schwach ausgeprägt. Das AGG folgt damit einer zurückhaltenden Konzeption des Diskriminierungsschutzes, die zunächst auf Verbotsnormen setzt.

Das Allgemeine Gleichbehandlungsgesetz

Im Folgenden wird dargestellt, welche Verhaltensweisen im Arbeitsleben durch das AGG für unzulässig erklärt werden.

a) Benachteiligung

Das Gesetz verbietet sowohl mittelbare wie auch unmittelbare Benachteiligungen. Diese liegen immer dann vor, wenn jemand wegen eines der Merkmale ungünstiger behandelt wird, als eine Person die das Merkmal nicht aufweist.

Auch eine Belästigung ist gemäß § 3 Absatz 3 eine Benachteiligung, wenn sie bewirkt oder lediglich bezweckt[30], dass ein entwürdigendes und feindliches Klima geschaffen wird. Es ist also auch rechtswidrig, zwar formal das AGG einzuhalten, jedoch ein Klima im Betrieb zu dulden, das bestimmten Gruppen die Arbeit dort unmöglich macht. § 3 Absatz 4 stellt klar, dass auch die sexuelle Belästigung eine rechtswidrige Benachteiligung darstellt.

Eine Benachteiligung kann nicht etwa dadurch gerechtfertigt werden, dass sie in einem Vertrag, Tarifvertrag oder einer Betriebsvereinbarung vorgesehen ist. Nach § 7 Absatz 2 sind sämtliche Bestimmungen in Vereinbarungen unwirksam, die gegen das Benachteiligungsverbot verstoßen.

Beispiel: Ein Tarifvertrag regelt, alle Arbeitgeber müssten bei Bewerbungen deutschen Bewerbern den Vorzug geben. Ein Arbeitgeber hält sich hieran und verteidigt sein diskriminierendes Verhalten damit, dies stehe doch so im Tarifvertrag. Dies hilft ihm nicht – die Bestimmung im Tarifvertrag verstößt gegen das Benachteiligungsverbot und ist deshalb unwirksam.

Ist die Benachteiligung in Tarifvertrag oder Betriebsvereinbarung nicht offensichtlich oder leicht zu erkennen, muss der Arbeitgeber jedoch weniger Sanktionen fürchten, wenn er sich hieran hält. Nach § 15 Absatz 3 verpflichtet die Benachteiligung durch Anwendung kollektivrechtlicher Vereinbarungen nur dann zur Entschädigung, wenn der Arbeitgeber vorsätzlich oder grob fahrlässig handelt. Der Anspruch auf Schadensersatz allerdings bleibt hiervon unberührt.

b) Anweisung zur Benachteiligung

Rechtswidrige Benachteiligung ist gemäß § 3 Absatz 5 auch die Anweisung zur Benachteiligung. Es ist also auch verboten, jemand anderen zur Benachteiligung quasi anzustiften.

---

30 Dies ist eine der wenigen Vorschriften des AGG, bei denen das Motiv eine Rolle spielt.

> Beispiel: Ein Arbeitgeber sucht Beschäftigte über eine Arbeitsvermittlung. Er schreibt der Vermittlungsagentur, er suche drei »deutsche Elektriker«. Entsprechend der Anforderung informiert die Agentur nur deutsche Interessenten über die Arbeitsgelegenheit. Hier verhält sich die Agentur rechtswidrig, weil sie wegen der ethnischen Herkunft benachteiligt. Rechtswidrig verhält sich jedoch auch der Arbeitgeber. Er hat die Agentur angewiesen, nur deutsche Bewerber zu vermitteln und diskriminiert ebenfalls wegen der ethnischen Herkunft.

c) Diskriminierende Bewerbersuche

Nach § 11 darf ein Arbeitsplatz nicht unter Verstoß gegen das Benachteiligungsverbot ausgeschrieben werden. Von Beginn des Bewerbungsverfahrens an soll Chancengleichheit herrschen, niemand soll schon durch die Stellenanzeige davon abgehalten werden, sich zu bewerben.

Für die geschlechtsneutrale Ausschreibung war dies bisher schon in § 611b BGB geregelt, nun gilt es für alle Merkmale. Erfasst sind sowohl öffentliche wie auch betriebsinterne Ausschreibungen.

Eine unzulässige Form der Stellenausschreibung liegt vor, wenn ohne zwingenden Grund etwa nur Männer, nur Deutsche, nur »junge« oder nur Personen mit einem bestimmten Grad an Sprachkenntnissen gesucht werden.

Wird gegen die Vorschrift verstoßen, haben geschädigte Bewerber einen Schadensersatz- oder Entschädigungsanspruch. Der Betriebsrat kann gemäß § 99 BetrVG die Zustimmung zur Einstellung verweigern, wenn der Arbeitgeber die Stelle rechtswidrig ausgeschrieben hat.

d) Unterlassen notwendiger Schutzmaßnahmen

Nach § 12 Absatz 1 muss der Arbeitgeber die erforderlichen Maßnahmen treffen, um Beschäftigte vor einer Benachteiligung zu schützen. Das Gesetz stellt klar, dass hierzu auch vorbeugende Maßnahmen gehören.

Nach § 12 Absatz 2 soll der Arbeitgeber »in geeigneter Art und Weise« auf die Unzulässigkeit von Benachteiligungen hinweisen. Schulungen abzuhalten ist nicht zwingend vorgeschrieben. Arbeitgebern gibt das Gesetz allerdings einen erheblichen Anreiz, Schulungen in der Verhinderung von Benachteiligungen abzuhalten. Werden solche Schulungen »in geeigneter Weise« durchgeführt, gilt dieses als Erfüllung der Verpflichtung, die erforderlichen Maßnahmen zum Schutz vor Benachteiligung zu treffen.

Was der Gesetzgeber für eine geeignete Form der Schulung hält, geht aus dem AGG nicht hervor. Der Gesetzesbegründung zufolge ist nach »objektiven Gesichtspunkten« zu klären, was jeweils erforderlich ist. Auch dies hilft nicht viel weiter. Die Rechtsprechung wird in den nächsten Jahren klären müssen, wie diese Bestimmung auszulegen ist.

Nach § 12 Absatz 3 muss der Arbeitgeber die erforderlichen Maßnahmen treffen, wenn Beschäftigte gegen das Benachteiligungsverbot verstoßen. Werden etwa Beschäftigte durch rassistische Sprüche anderer Beschäftigter belästigt, kann der Arbeitgeber sich nicht zurücklehnen und meinen, dies ginge ihn nichts an. § 7 Absatz 3 stellt klar, dass die Verletzung des Benachteiligungsverbots durch Beschäftigte eine Verletzung vertraglicher Pflichten darstellt. § 12 Absatz 3 verpflichtet den Arbeitgeber, mit den erforderlichen Maßnahmen hierauf zu reagieren, um die Benachteiligung zu unterbinden. Als Beispiele nennt das Gesetz Abmahnung, Kündigung, Umsetzung und Versetzung. Selbstverständlich sind alle diese Maßnahmen gegen denjenigen zu richten, der die Benachteiligung begeht.

Der Arbeitgeber muss die Beschäftigten nicht nur vor Benachteiligungen durch Angehörige seines Betriebs schützen. Nach § 12 Absatz 4 ist er auch dazu verpflichtet, die im Einzelfall notwendigen Maßnahmen zu treffen, wenn Beschäftigte bei der Ausübung ihrer Tätigkeit durch Dritte benachteiligt werden. Das Gesetz schreibt hier vor, die geeigneten, erforderlichen und angemessenen Maßnahmen zu treffen. Eine Einschränkung auf »zumutbare« Maßnahmen nimmt das Gesetz nicht vor, die Benachteiligung muss also auf jeden Fall unterbunden werden. Der Arbeitgeber darf vor allem nicht Kundenbeziehungen über die Rechte seiner Beschäftigten stellen.

Beispiel: Ein Kaufhausbetreiber stellt für seine Filiale in einer Kleinstadt einen farbigen Verkäufer ein. Vom ersten Tag an wird dieser durch zahlreiche Kunden wegen seiner Hautfarbe beleidigt. Der Arbeitgeber muss hiergegen die erforderlichen Maßnahmen treffen. Hierzu kann es auch gehören, den Kunden Hausverbote auszusprechen, auch wenn dies den Umsatz schmälert. Eine Versetzung des Mitarbeiters in einen zivilisierteren Ort kommt – jedenfalls gegen seinen Willen – nicht in Betracht. Das wäre keine »angemessene« Maßnahme zum Schutz des Beschäftigten.

e) Maßregelungsverbot

Nach § 16 Absatz 1 darf kein Beschäftigter benachteiligt werden, weil er entweder Rechte nach dem AGG in Anspruch nimmt oder sich weigert, eine gegen das AGG verstoßende Weisung auszuführen. Weiterhin darf niemand benachteiligt werden, weil er einen Beschäftigten bei der Inanspruchnahme dieser Rechte unterstützt oder als Zeuge aussagt. Nach § 16 Absatz 2 darf keine Entscheidung darauf gestützt werden, dass jemand eine benachteiligende Verhaltensweise zurückweist.

Das Allgemeine Gleichbehandlungsgesetz

Zur Auslegung dieser Vorschrift kann maßgeblich Artikel 11 (Viktimisierung) der Rahmenrichtlinie herangezogen werden, der lautet:

Die Mitgliedsstaaten treffen (...) die erforderlichen Maßnahmen, um die Arbeitnehmer vor Entlassung oder anderen Benachteiligungen durch den Arbeitgeber zu schützen, die als Reaktion auf eine Beschwerde innerhalb des betreffenden Unternehmens oder auf die Einleitung eines Verfahrens zur Durchsetzung des Gleichbehandlungsgrundsatzes erfolgen.

Kündigungen sind demnach ausdrücklich eine der Maßnahmen, die als Reaktion auf die Inanspruchnahme von Rechten unzulässig sind. Dies lässt sich auch aus § 612a BGB herleiten. Soweit § 2 Absatz 4 AGG Kündigungen vom Anwendungsbereich ausnimmt, ist die Vorschrift europarechtswidrig und darf nicht angewandt werden.

Beispiel 1: Der Chef der X-AG erteilt der Leiterin der Personalabteilung die Anweisung, ab sofort ausschließlich deutsche Bewerber einzustellen. Sie solle darauf achten, die Stellenanzeigen dem Gesetz entsprechend neutral zu formulieren, jedoch im Ergebnis nur Deutsche auszuwählen. Die Leiterin weigert sich, dem Folge zu leisten und beruft sich darauf, die Anweisung würde gegen das AGG verstoßen. Hieraufhin erhält sie eine Abmahnung. Dies ist unzulässig.

Beispiel 2: Herr Yilmaz ist Auslieferungsfahrer. Bei einem Kunden wird er regelmäßig wegen seiner Herkunft beleidigt und belästigt. Herr Yilmaz hat seinen Chef mehrfach darauf hingewiesen, er möge bitte auf den Kunden einwirken, damit so etwas unterbleibe Der Chef meint jedoch, er wolle seine Kunden »nicht erziehen« und man könne die wichtige Vertragsbeziehung nicht durch Kritik gefährden. Herr Yilmaz weigert sich daraufhin, diesen Kunden noch weiter zu beliefern. Hierauf darf nicht mit arbeitsrechtlichen Maßnahmen reagiert werden. Herr Yilmaz hat gemäß § 14 das Recht, seine Tätigkeit einzustellen, da der Arbeitgeber keine Maßnahmen gegen die Belästigung ergriffen hat.

Problematisch wird es, wenn ein Beschäftigter fälschlich annimmt, er würde Rechte nach dem AGG ausüben, diese Rechte jedoch tatsächlich gar nicht vorliegen. Hier wird man darauf abstellen müssen, ob der Beschäftigte sich mit guten Gründen im Recht fühlen durfte oder leichtfertig das Recht nur angenommen hat.

Beispiel 1: Herr X wird von den Kollegen im Hamburger Betrieb gehänselt, weil er Fan von Bayern München ist. Er verweigert die Arbeit mit dem Argument, dies sei eine Belästigung aufgrund seiner Weltanschauung, gegen die der Chef etwas unternehmen müsste. Bis das geschehe, nehme er sein Leistungsverweigerungsrecht aus § 14 wahr. Er wird wegen beharrlicher Leistungsverweigerung gekündigt. Das ist zulässig – eine Vorliebe für einen bestimmten Verein ist keine Weltanschauung, so dass die Hänseleien auch keine Belästigung im Sinne des AGG darstellen.

Das Allgemeine Gleichbehandlungsgesetz

Beispiel 2: Frau X wird von einem Kollegen wiederholt sexuell belästigt. Trotz ihrer Beschwerden unternimmt der Chef nichts hiergegen. Auf Anraten ihrer Rechtsanwältin übt Frau X deshalb das Leistungsverweigerungsrecht aus § 14 aus. Sie wird gekündigt. Später kommt das Arbeitsgericht zu dem Schluss, es habe eine sexuelle Belästigung vorgelegen und der Chef hätte sie schützen müssen. Die Belästigung sei jedoch nicht derart schwerwiegend gewesen, dass die Ausübung des Leistungsverweigerungsrechts im Sinne des § 14 zu ihrem Schutz erforderlich war. Hier ist die Kündigung als Verstoß gegen das Maßregelungsverbot rechtswidrig, da Frau X gute Gründe hatte, vom Vorliegen des Rechts zur Leistungsverweigerung auszugehen. Sie hat auch rechtlichen Rat bei einer Anwältin eingeholt und deren falsche Beurteilung der Rechtslage kann ihr nicht als Verschulden zugerechnet werden.

3. Rechtfertigung durch Anforderungen des Berufs

Das Recht gegen Diskriminierungen verbietet nicht alle unterschiedlichen Behandlungen wegen der genannten Merkmale. Es soll Chancengleichheit herstellen, jedoch notwendige und angemessene Unterscheidungen weiterhin ermöglichen. Den Richtlinien folgend, sind in § 8 die Voraussetzungen für eine zulässige Ungleichbehandlung festgelegt. Danach ist diese zulässig, wenn ein bestimmtes Merkmal wegen der Art der auszuübenden Tätigkeit oder der Bedingungen ihrer Ausübung eine **wesentliche und entscheidende berufliche Anforderung** darstellt, sofern der Zweck rechtmäßig und die Anforderung angemessen ist. Zulässig sind also nicht etwa alle Unterscheidungen, für die irgendein Bedürfnis besteht. Dass Merkmal muss vielmehr gerade eine unverzichtbare Anforderung für die Tätigkeit sein.

Beispiel 1: Eine Gerüstbaufirma sucht neue Mitarbeiter. Die Stellenanzeige formuliert, man suche »kräftige Männer«. Die Firma meint, es sei erlaubt, nur nach Männern zu suchen. Da ständig mehr als 50 Kilo getragen werden müssten, kämen Frauen nicht in Frage. Die Firma verhält sich rechtswidrig. Hier ist nicht wesentlich und entscheidend, dass die Bewerber Männer sind, sondern dass sie ein bestimmtes Gewicht tragen können.

Beispiel 2: Herr Hu betreibt ein chinesisches Restaurant. Er hat ein Geschäftskonzept, nach dem vom Essen über die Einrichtung bis zu den Bedienungen alles möglichst »chinesisch« wirken soll. Deshalb stellt er nur Personen ein, die aus China und Umgebung kommen. Dies ist rechtmäßig, das Aussehen stellt hier im Rahmen des Konzepts eine wesentliche Anforderung dar.

Grundsätzlich sind die Anforderungen an eine zulässige unterschiedliche Behandlung sehr eng gefasst. Im betrieblichen Alltag werden sie kaum einmal erfüllt werden.

Das Allgemeine Gleichbehandlungsgesetz

Anders soll dies nach dem Willen des deutschen Gesetzgebers bei der Beschäftigung durch Religionsgemeinschaften sein. Das ist bedeutsam, da kirchliche Träger nahezu eine Monopolstellung in Bereichen wie etwa der Altenpflege einnehmen.

Mit § 9 soll Christen, Muslimen und sonstigen Religionsgemeinschaften das Recht eingeräumt werden, weitergehender als andere Arbeitgeber in allen ihren Einrichtungen eine unterschiedliche Behandlung von Personen wegen deren Religion vorzunehmen. Religionsgemeinschaften sollen schon dann differenzieren dürfen, wenn eine bestimmte Religion unter Beachtung ihres Selbstverständnisses

> »im Hinblick auf ihr Selbstbestimmungsrecht **oder** nach der Art der Tätigkeit eine gerechtfertigte berufliche Anforderung darstellt«.

Diese Bestimmung ist europarechtswidrig und damit unwirksam. Es hätte nämlich beachtet werden müssen, dass die Rahmenrichtlinie 2000/78/EG Ausnahmen für Religionsgemeinschaften nur unter wesentlich engeren Voraussetzungen erlaubt. Nach Artikel 4 der Richtlinie dürfen die Mitgliedsstaaten zwar Ausnahmen für Religionsgemeinschaften erlauben. Dies jedoch nur dann, wenn die Religion einer Person

> »nach der Art dieser Tätigkeiten oder der Umstände ihrer Ausübung eine wesentliche, rechtmäßige und gerechtfertigte berufliche Anforderung angesichts des Ethos der Organisation darstellt«.

Die im AGG gewählte Formulierung erlaubt Ungleichbehandlungen allein in Hinblick auf das Selbstbestimmungsrecht der Religionsgemeinschaft, gerade dies ist aber nicht rechtmäßig.

Zwei Beispiele können dies verdeutlichen:

Beispiel 1: Eine muslimische Schule verweigert einer Frau die Einstellung als Arabischlehrerin, weil die Bewerberin sich weigert, ein Kopftuch zu tragen. Dies stellt nach europäischem Recht eine Diskriminierung aufgrund der Religion dar. Das Tragen eines Kopftuchs ist nicht eine »wesentliche, rechtmäßige und gerechtfertigte berufliche Anforderung«, um Arabisch zu unterrichten. Nach dem Wortlaut des AGG dagegen würde das Verhalten der Schule wohl »im Hinblick auf das Selbstbestimmungsrecht« zulässig sein.

Beispiel 2: Die katholische Kirche sucht einen Pressereferenten, um der Öffentlichkeit ihren Standpunkt zur Verwendung von Kondomen besser verständlich zu machen. Der Stelleninhaber soll eigenständig die Position der Kirche formulieren und erläutern. Hier kann die Kirche fordern, dass der Stelleninhaber katholisch ist, da nur dies die »richtige« Öffentlichkeitsarbeit gewährleistet.

Die Beispiele verdeutlichen, welche Art der Ausnahmen zulässig sind und welche nicht. Spielt die Religionszugehörigkeit keine wesentliche Rolle für den ausgeübten oder angestrebten Beruf, darf nicht nach der Religion unterschieden werden. Ein kirchlicher Träger darf also nicht mehr von einem Altenpfleger, einer Krankenschwester oder Reinigungskraft verlangen, dass diese einer bestimmten Glaubensrichtung angehören. Soll die Person jedoch beispielsweise religiöse Aufgaben wahrnehmen oder öffentlich für die Religionsgemeinschaft auftreten, kann verlangt werden, dass die Person der jeweiligen Religionsgemeinschaft angehört. Das Selbstbestimmungsrecht der Religionsgemeinschaft allein kann, entgegen des Wortlauts des AGG, eine Ungleichbehandlung nicht rechtfertigen. Vielmehr wird dieses Selbstbestimmungsrecht selbst durch die Menschenrechte begrenzt, auch Religionsgemeinschaften dürfen nicht willkürlich oder unsachgemäß benachteiligen.

4. Rechtsfolgen verbotener Handlungsweisen

Die Richtlinien, die mit dem AGG umgesetzt werden sollen, enthalten selbst Bestimmungen zu den Rechtsfolgen von Verstößen gegen den Diskriminierungsschutz. Sanktionen müssen wirksam, verhältnismäßig und abschreckend sein. Dies beruht auf der Rechtsprechung des Europäischen Gerichtshofs zur Diskriminierung wegen des Geschlechts. Dort hatte etwa die Bundesrepublik versucht, das europäische Recht zu unterlaufen, in dem keine ernsthaften Sanktionen für Verstöße gegen das Diskriminierungsverbot festgelegt wurden. Der Europäische Gerichtshof entschied dann mehrmals, Sanktionen müssten effektiv sein, wenn europäisches Recht als umgesetzt gelten soll.

Das AGG enthält verschiedene Bestimmungen zu den Rechtsfolgen eines Verstoßes, die nun dargestellt werden.

a) Leistungsverweigerungsrecht

Nach § 14 AGG dürfen Beschäftigte der Arbeit fern bleiben und müssen weiter bezahlt werden, wenn der Arbeitgeber keine oder ungeeignete Maßnahmen zur Unterbindung einer Belästigung trifft. Dies gilt nur dann, wenn dies zum Schutz der Beschäftigten erforderlich ist. Hinsichtlich der sexuellen Belästigung war dies bislang bereits in § 4 Beschäftigtenschutzgesetz geregelt, nun gilt es für alle Diskriminierungsmerkmale.

Die Vorschrift wird vor allem dann angewendet werden können, wenn auf eine Beschwerde nicht angemessen reagiert wird. Wer belästigt wird, muss zunächst versuchen, über den Arbeitgeber Abhilfe zu schaffen. Erst wenn dies nicht gelingt, kann das Leistungsverweigerungsrecht ausgeübt

Das Allgemeine Gleichbehandlungsgesetz

werden. Dies jedoch nur dann, wenn es zum Schutz des Beschäftigten erforderlich ist. Nicht jede Belästigung macht dies erforderlich, es wird sich vielmehr um eine schwerwiegende Belästigung handeln müssen.

Bleibt ein Beschäftigter der Arbeit fern, muss der Arbeitgeber dennoch weiterhin dafür sorgen, dass die Belästigung unterbleibt und der Beschäftigte zurückkehren kann. Der Beschäftigte hat ein Recht auf vertragsgemäße Beschäftigung und es wäre rechtswidrig ihn darauf zu verweisen, er könne zu Hause bleiben.

b) Schadensersatz

§ 15 regelt Entschädigung und Schadensersatz. Dies sind unterschiedliche Sanktionen mit unterschiedlichen Voraussetzungen, sodass sie hier getrennt dargestellt werden.

Schadensersatz meint den Ausgleich des finanziellen Schadens, der dem Betroffenen durch die Benachteiligung tatsächlich entstanden ist. Dieser Schaden kann ohne Begrenzung geltend gemacht werden. Er ist nach § 15 Absatz 1 ausgeschlossen, »wenn der Arbeitgeber die Pflichtverletzung nicht zu vertreten hat«. Das bedeutet, dass derjenige Arbeitgeber keinen Schadensersatz leisten muss, der beweisen kann dass ihn kein Verschulden trifft.

> **Beispiel:** Herr A wird durch ständige rassistische Sprüche seiner Kollegen psychisch krank und hierdurch arbeitsunfähig. Er verklagt seine Firma auf Schadensersatz (Verdienstausfall). Die Firma kann nachweisen, dass Herr A sie nie über das Problem informiert hat und dass sie alle ihre Beschäftigten regelmäßig auf geeignete Schulungen zur Vermeidung von Diskriminierungen (§ 12 Absatz 2) schickt. Da die Firma deshalb den Schaden nicht zu vertreten hat, muss sie keinen Schadensersatz zahlen.

Bei der Benachteiligung im Einstellungsverfahren ist Schadensersatz zu zahlen, wenn der Betroffene ohne die Benachteiligung den Job gekriegt hätte. Unter dieser Voraussetzung ist der Schadensersatz theoretisch unbegrenzt und richtet sich auf den Verdienstausfall. Allerdings wird der bestqualifizierte Bewerber in der Regel dann auch recht zügig einen anderen Job kriegen, sodass im Ergebnis die Sanktion meist überschaubar sein wird.

Mit § 15 Absatz 6 werden Arbeitgeber vor tatsächlich schmerzhaften Rechtsfolgen geschützt. Dort wird ausdrücklich hervorgehoben, ein Verstoß gegen das Benachteiligungsverbot könne keinen Anspruch auf Einstellung oder Beförderung auslösen. Wer benachteiligt wird, kann demnach stets nur Schadensersatz erhalten, jedoch nie die gewünschte Einstellung geltend machen.

Das ist nicht sinnvoll und europarechtlich auch bedenklich. Die Antirassismusrichtlinie etwa zielt ausdrücklich darauf ab, »eine Teilhabe« an der

Gesellschaft zu ermöglichen und zu diesem Zweck den »Zugang zu unselbständiger und selbständiger Erwerbstätigkeit« zu gewährleisten.[31] § 15 Absatz 6 gewährleistet den Zugang zur Erwerbstätigkeit gerade nicht, sondern schließt ihn ausdrücklich aus. Sinnvoller und wesentlich abschreckender wäre es, den benachteiligten Bewerbern ein Wahlrecht zwischen Schadensersatz und Begründung des Arbeitsverhältnisses einzuräumen. Hierdurch könnte verhindert werden, dass Arbeitgeber ihren Betrieb etwa »ausländerfrei« halten und sich durch Schadensersatzzahlungen quasi freikaufen.

Für den Betriebsrat bedeutet § 15 Absatz 6 nicht, dass eine Einstellung unter Verstoß gegen das Benachteiligungsverbot nun plötzlich rechtmäßig wäre. Er kann also noch immer gemäß § 99 BetrVG der Einstellung des rechtswidrig bevorzugten Bewerbers widersprechen und hiermit dazu beitragen, dass ein rechtmäßiges Einstellungsverfahren erfolgt, in dem der Bestqualifizierte die Stelle erhält.

c) Entschädigung

Entschädigung und Schadensersatz dürfen nicht verwechselt werden. Schadensersatz gleicht materiellen Schaden aus, Entschädigung nach § 15 Absatz 2 entschädigt für die erlittene Diskriminierung und stellt eine Art Schmerzensgeld dar.

Anders als der Schadensersatzanspruch hängt der Entschädigungsanspruch nicht von einem Verschulden des Arbeitgebers ab. Für erlittene Diskriminierungen muss der Arbeitgeber auch dann Entschädigung leisten, wenn er die Benachteiligung nicht zu vertreten hat.

Beispiel: Herr A wird durch ständige rassistische Sprüche seiner Kollegen psychisch krank und hierdurch arbeitsunfähig. Er verklagt seine Firma auf Zahlung einer Entschädigung. Die Firma kann nachweisen, dass Herr A sie nie über das Problem informiert hat und dass sie alle ihre Beschäftigten regelmäßig auf geeignete Schulungen zur Vermeidung von Diskriminierungen (§ 12 Absatz 2) schickt. Eine Entschädigung muss die Firma dennoch zahlen, da es bei ihr zu rechtswidrigen Verstößen gegen das AGG – nämlich Belästigung – gekommen ist.

Die Höhe der Entschädigung ist im Gesetz nicht bestimmt. Sie muss sich an den Kriterien »wirksam, verhältnismäßig und abschreckend« orientieren. Auf der einen Seite muss dem Opfer eine angemessene Entschädigung zukommen, auf der anderen Seite muss diese Entschädigung so hoch sein, dass sie auch wirksam und in abschreckender Weise Benachteiligungen unterbinden kann.

---

31 Vergleiche den Erwägungsgrund Nr. 12 der Richtlinie.

Das Allgemeine Gleichbehandlungsgesetz

Andere europäische Länder sehen neben der Entschädigung vor, dass als Folge von Diskriminierungen öffentliche Aufträge entzogen werden und Bußgelder verhängt werden können. Das AGG beschränkt sich auf Entschädigungszahlungen, diese werden dann aber so hoch angesetzt werden müssen, dass sie dem Kriterium der Abschreckung Genüge tun.

Eine Sonderregelung über die Höhe der Entschädigung bei Diskriminierung im Bewerbungsverfahren trifft § 15 Absatz 2 Satz 2. Kann der Arbeitgeber nachweisen, dass der diskriminierte Bewerber auch ohne die Benachteiligung die Stelle nicht erhalten hätte, darf die Entschädigung drei Monatsgehälter nicht übersteigen.

> **Beispiel:** Der homosexuelle Vorsitzende einer Partei hat auf Politik keine Lust mehr. Er bewirbt sich auf eine ausgeschriebene Stelle als Kommunikations- und Marketingexperte. Die Bewerbungsunterlagen erhält er zurück mit einem Begleitschreiben, demzufolge »Schwule nicht in die Firma passen«. Die Firma kann nachweisen, dass alle anderen Bewerber besser qualifiziert waren und er deshalb ohnehin den Job nicht gekriegt hätte. Die Entschädigungszahlung darf deshalb drei Monatsgehälter nicht übersteigen.

In diesem Beispielsfall mag das angemessen sein, da Parteivorsitzende in aller Regel auf extrem gut bezahlte Posten wechseln und hier auch drei Monatsgehälter durchaus Geld sind.

Problematisch wird die Regelung in Fällen, in denen bei der Besetzung relativ schlecht bezahlter Stellen diskriminiert wird. Vor allem Teilzeitbeschäftigte oder gar in »Minijobs« beschäftigte Personen sind durch die Vorschrift von angemessenen Entschädigungen letztlich ausgeschlossen. Die durch den Gesetzgeber festgelegte Höchstgrenze kann hier schnell zu einer Begrenzung auf höchstens € 1000,– selbst für schwerste Diskriminierungen führen. An diesem Punkt muss in den nächsten Jahren die Rechtsprechung des Europäischen Gerichtshofs beobachtet werden, es ist durchaus wahrscheinlich, dass dieser den § 15 Absatz 2 Satz 2 für unanwendbar erklärt.

d) Entschädigung und Schadensersatz bei Anwendung diskriminierender kollektiver Regelungen

Auch Tarifverträge und Betriebsvereinbarungen können einen diskriminierenden Inhalt haben. Gleichzeitig spricht einiges dafür, dass der Arbeitgeber, der sich an die Regelungen des Tarifvertrags oder der Betriebsvereinbarung hält, sich grundsätzlich rechtmäßig verhalten möchte.

Nach § 15 Absatz 3 muss der Arbeitgeber deshalb Entschädigung für die Benachteiligung bei der Anwendung kollektivrechtlicher Vereinbarungen nur dann zahlen, wenn er vorsätzlich oder grob fahrlässig handelt. Einen

Entschädigungsanspruch gibt es also nur dann, wenn der Arbeitgeber wusste oder leicht hätte erkennen können, dass die Regelung rechtswidrig ist. Diese Erleichterung gilt nur für die Entschädigung. Kommt es durch die Anwendung des rechtswidrigen Tarifvertrags zu einem materiellen Schaden, ist Schadensersatz zu leisten. Schadensersatz ist nach § 15 Absatz 1 auch dann zu leisten, wenn dem Arbeitgeber nur Fahrlässigkeit vorzuwerfen ist.

Ob die Regelung zur Entschädigung europarechtsgemäß ist und Bestand haben wird, bleibt abzuwarten. In den Richtlinien findet sich keine Ausnahmebestimmung, die das Absehen von Sanktionen bei der Anwendung diskriminierender Kollektivvereinbarungen gestatten könnte.

e) Fristen

Auch bei den Fristen zur Geltendmachung einer Benachteiligung wird das Bemühen des Gesetzgebers erkennbar, Arbeitgeber vor entsprechenden Ansprüchen zu schützen. Zunächst war in § 15 Absatz 4 eine Frist von drei Monaten vorgesehen. Kurz vor Verabschiedung des Gesetzes wurde diese Frist nochmals auf nun zwei Monate verkürzt.

Die Frist beginnt grundsätzlich dann zu laufen, wenn der Benachteiligte von der Benachteiligung erfährt. Eine Ausnahme ist für die Benachteiligung bei Bewerbung oder Beförderung vorgesehen. Hier beginnt die Frist von zwei Monaten bereits dann zu laufen, wenn dem Bewerber die Ablehnung zugeht. Zu diesem Zeitpunkt ist häufig noch gar nicht erkennbar, ob eine Benachteiligung vorliegt. Der Bewerber muss erst herausfinden, wer die Stelle gekriegt hat und nach welchen Kriterien die Auswahl erfolgte. Während dieser Zeit läuft bereits die Frist von zwei Monaten.

Der Anspruch muss in jedem Falle innerhalb der Frist schriftlich geltend gemacht werden.

Die Frist von zwei Monaten kann sich ändern, wenn im Tarifvertrag anderes bestimmt ist. Sind im Tarifvertrag kürzere oder längere Fristen für die Geltendmachung von Ansprüchen aus dem Arbeitsverhältnis vorgesehen (Ausschlussfristen), können diese gelten.

5. Beweislast – wer muss was beweisen?

Die Beweislastverteilung in Diskriminierungsfällen weicht von der im Zivilrecht meist üblichen Beweislast ab.

Üblicherweise muss der Kläger den vollen Beweis für alle Tatsachen führen, aus denen sich sein Anspruch ergibt. Dies ist allerdings in Diskriminierungsfällen häufig nicht möglich. Der Benachteiligte mag sehen, dass der

Das Allgemeine Gleichbehandlungsgesetz

Betrieb keine Frauen einstellt oder der Vermieter nur an Deutsche vermietet. Damit jedoch hat er noch keinen Beweis dafür, dass gerade in seinem Fall Diskriminierung vorlag. Weshalb er den Job oder die Wohnung tatsächlich nicht gekriegt hat, entzieht sich seiner Kenntnis. Kaum ein Beklagter ist derart dumm, dass er die Diskriminierung offen zugeben würde.

Im Diskriminierungsschutz ist deshalb von allen Experten anerkannt, dass den Benachteiligten mit einer Erleichterung der Beweislast geholfen werden muss. Die europäischen Richtlinien verlangen deshalb eine Beweiserleichterung dergestalt, dass das Opfer zunächst nur Tatsachen glaubhaft machen muss, die das Vorliegen einer Diskriminierung vermuten lassen. Gelingt dies, muss der Beklagte beweisen, dass keine Verletzung des Gleichbehandlungsgrundsatzes vorliegt.

Wenn Tatsachen vorgetragen werden, die das Vorliegen einer Diskriminierung vermuten lassen, ist eine Diskriminierung also keinesfalls bewiesen. Der Beklagte muss dann lediglich beweisen können, dass vernünftige Gründe für die Ungleichbehandlung vorlagen.

Diese Beweislastverteilung beruht auf der Rechtsprechung des Europäischen Gerichtshofs zur Diskriminierung wegen des Geschlechts und war auch in der Bundesrepublik seit Jahren bereits in § 611a BGB entsprechend geregelt.

Im AGG wurde in letzter Minute eine Änderung vorgenommen. In § 22 heißt es nun, die eine Partei müsse »Indizien beweisen, die eine Benachteiligung (…) vermuten lassen«.

Dies ist nach der Gesetzesbegründung lediglich als Klarstellung gedacht, es soll keine europarechtswidrige Erschwerung des Beweises darstellen. Indizien beweisen meint also exakt dasselbe wie die bewährte Formulierung »Tatsachen glaubhaft machen«.

Was heißt das nun für die Praxis?

Beispiel 1: Auf eine Stellenanzeige bewerben sich Herr Müller und Herr Schulze. Müller ist schwul, Schulze ist heterosexuell. Ihre Qualifizierung ist gleichwertig. Nachdem Schulze den Job erhalten hat, klagt Müller wegen Diskriminierung. Er trägt vor, er fühle sich als Schwuler benachteiligt.
Dies reicht nicht. Müller trägt keinerlei Tatsachen vor, aus denen sich die Vermutung ergeben würde, dass er gerade wegen seiner sexuellen Identität nicht eingestellt wurde. Die Beweislast verschiebt sich nicht.

Beispiel 2: Frau Müller hat einen befristeten Arbeitsvertrag und wird schwanger. Der Vertrag wird nicht verlängert. Sie kann glaubhaft machen, dass ihr vor der Schwangerschaft verbindlich zugesagt worden war, sie würde einen unbefristeten Arbeitsvertrag erhalten.
Damit hat Frau Müller Tatsachen glaubhaft gemacht, die eine Benachteiligung wegen der Schwangerschaft und damit wegen des Geschlechts vermuten lassen.

Das Allgemeine Gleichbehandlungsgesetz

Der Arbeitgeber muss dann beweisen, dass andere Gründe für die Nichtverlängerung des Vertrages vorlagen, die mit der Schwangerschaft nichts zu tun hatten. Kann er etwa beweisen, dass Umsatzeinbrüche oder vertragswidriges Verhalten der Frau Müller Grund der Nichtverlängerung waren, wird das Gericht die Klage abweisen.

Beispiel 3: In einer Stellenanzeige, mit der ein Verkäufer gesucht wird, werden »hervorragende Deutschkenntnisse in Wort und Schrift« gefordert. Ein türkischer Bewerber wird ohne Angabe von Gründen abgewiesen. Er kann darlegen, dass ein gleich qualifizierter deutscher Mitbewerber im Gegensatz zu ihm zum Vorstellungsgespräch eingeladen wurde und dass die Stelle keinesfalls hervorragende Sprachkenntnisse erfordert. Er hat damit dargelegt, dass bereits die Kriterien in der Stellenanzeige auf eine Diskriminierung schließen lassen. Damit trifft den Arbeitgeber die Beweislast dafür, dass sachliche Gründe dafür vorlagen, ihn nicht zum Vorstellungsgespräch einzuladen, die Ungleichbehandlung also nicht auf seiner Herkunft beruht.

6. Erwünschtes Verhalten – vorbeugende Maßnahmen gegen Diskriminierungen

Mit den Richtlinien wird die tatsächliche Verwirklichung des Grundsatzes der Gleichbehandlung angestrebt. Eine gleichberechtigte Teilhabe aller an der Gesellschaft lässt sich mit Verboten allein nicht bewirken. Die Richtlinien stellen deshalb ausdrücklich fest, dass sie positiven Maßnahmen nicht im Wege stehen. Die Mitgliedsländer werden aufgefordert[32]

geeignete Maßnahmen zur Förderung des sozialen Dialogs zwischen Arbeitgebern und Arbeitnehmern zu treffen, mit dem Ziel, die Verwirklichung des Gleichbehandlungsgrundsatzes durch Überwachung der betrieblichen Praxis, durch Tarifverträge, Verhaltenskodizes, Forschungsarbeiten oder durch einen Austausch von Erfahrungen und bewährten Lösungen voranzubringen.

In § 17 Absatz 1 fordert der Gesetzgeber Tarifvertragsparteien, Beschäftigte und ihre Vertretungen (Betriebsräte) ausdrücklich auf, im Rahmen ihrer Aufgaben und Handlungsmöglichkeiten an der Verwirklichung des Gleichbehandlungsgrundsatzes mitzuwirken.

Hiermit ist nicht nur gemeint, dass die Beteiligten sich an das Gesetz halten, dies ist ohnehin selbstverständlich. Vielmehr sollen – über die zwingenden Verpflichtungen hinaus – alle Beteiligte durch weitere Maßnahmen dafür sorgen, dass Benachteiligungen unterbleiben. Was kann hier im Einzelnen getan werden?

---

32 Artikel 11 Antirassismusrichtlinie, Artikel 13 Rahmenrichtlinie.

Das Allgemeine Gleichbehandlungsgesetz

Überwachung der betrieblichen Praxis meint, nicht abzuwarten bis sich einzelne Beschäftigte oder Bewerber über Benachteiligungen beklagen, sondern in vorbeugender Weise Benachteiligungen gar nicht erst aufkommen zu lassen. Hierzu sollten alle betrieblichen Abläufe daraufhin überprüft werden, ob sie zu Benachteiligungen führen und ob sie im Ergebnis zu einer gleichberechtigten Vertretung sämtlicher Gruppen führen.

Arbeitgeber und Betriebsrat sollten untersuchen, inwieweit in den verschiedenen Tätigkeiten und Hierarchieebenen Angehörige der durch das AGG geschützten Gruppen vertreten sind. Stellen sie fest, dass Angehörige solcher Gruppen in bestimmten Bereichen unterrepräsentiert sind, sollten sie versuchen, durch das Angebot spezieller Weiterbildungsmaßnahmen für Beschäftigte aus den benachteiligten Gruppen das Problem zu beheben. Weiter sollte untersucht werden, was im Falle der Feststellung von Ungleichheiten die Ursachen hierfür sind. Hierfür wird es meist erforderlich sein, die Angehörigen benachteiligter Gruppen darüber zu befragen, was aus ihrer Sicht einer besseren Eingliederung im Betrieb entgegensteht.

Ohne derartige Untersuchungen lassen sich auf die Gleichbehandlung gerichtete Aktivitäten kaum sinnvoll betreiben. Wer nicht weiß, wie sich die Realität gestaltet, kann ein bestehendes Problem nicht erkennen und schon gar nicht lösen.

Detaillierte Vereinbarungen auf Betriebsebene sollten in einer Betriebsvereinbarung festgehalten werden; vgl. dazu unter »Handlungsmöglichkeiten für Betriebsräte«.

III. Das Klagerecht der Betriebsräte und Gewerkschaften

Das vieldiskutierte Klagerecht der Betriebsräte und Gewerkschaften ist in § 17 Absatz 2 geregelt und steht damit im Zusammenhang mit der Aufforderung des Gesetzgebers an die Sozialpartner, an der Verwirklichung des Gleichbehandlungsgrundsatzes aktiv mitzuwirken (§ 17 Absatz 1). Der Überschrift des Paragraphen zufolge nimmt der Betriebsrat mit einer derartigen Klage seine soziale Verantwortung wahr – von dem Klagerecht sollte also rege Gebrauch gemacht werden.

Gleichzeitig werden dann die Voraussetzungen, unter denen eine Klage zulässig ist, wieder recht eng gefasst: Zum einen muss ein »grober« Verstoß gegen das AGG vorliegen, zum anderen darf der Betriebsrat nicht die individuellen Ansprüche der Benachteiligten[33] geltend machen. Es empfiehlt sich also, zeitgleich zur Klage des Betriebsrats die Betroffenen dazu aufzufordern, ihre Ansprüche selbst geltend zu machen, damit hier keine Fristen versäumt werden.

1. Wann kann der Betriebsrat klagen?

Für die Voraussetzungen des Klagerechts muss § 17 Absatz 2 zusammen mit § 23 BetrVG gelesen werden.

Erste Voraussetzung des Klagerechts ist, dass der Betrieb mindestens fünf Beschäftigte hat.[34]

Nach § 17 besteht das Klagerecht unter der Voraussetzung des § 23 Absatz 3 BetrVG; ebenfalls können die in § 23 BetrVG genannten Rechte geltend gemacht werden.[35]

---

33 Etwa Entschädigung und Schadensersatz.
34 Für Betriebsräte ist dies ohne Bedeutung, da sie in Betrieben mit weniger als fünf Beschäftigten ohnehin nicht gewählt werden. Der Gesetzgeber verhindert mit der Grenze von fünf lediglich, dass eine Gewerkschaft grobe Verstöße eines Kleinstunternehmers gegen das AGG geltend macht.
35 Klarer wäre demnach gewesen, wenn der Gesetzgeber das Klagerecht mit einer Änderung des § 23 BetrVG geregelt hätte.

Das Allgemeine Gleichbehandlungsgesetz

§ 23 BetrVG trifft folgende Bestimmung: Der Betriebsrat kann bei einem groben Verstoß des Arbeitgebers gegen seine Verpflichtungen aus dem Betriebsverfassungsgesetz beim Arbeitsgericht beantragen, dem Arbeitgeber aufzugeben, eine Handlung zu unterlassen, die Vornahme einer Handlung zu dulden oder eine Handlung vorzunehmen.

Folgt dann der Arbeitgeber der Entscheidung des Arbeitsgerichts nicht, kann er durch Zwangsgeld bzw. Ordnungsgeld hierzu gezwungen werden.

§ 17 Absatz 2 erweitert dieses Klagerecht. Es besteht nun nicht mehr nur bei Verstößen gegen das Betriebsverfassungsgesetz, sondern auch bei »groben Verstößen« gegen das AGG.[36]

Letztlich bringt die Vorschrift nicht viel Neues. Bei Verstößen gegen das Betriebsverfassungsgesetz kann der Betriebsrat auch nach § 23 BetrVG klagen, ohne auf das AGG zurückzugreifen. Nach § 75 BetrVG haben Arbeitgeber und Betriebsrat darüber zu wachen, dass jede unterschiedliche Behandlung wegen der auch vom AGG abgedeckten Gründe unterbleibt. Bei einem groben Verstoß hiergegen konnte der Betriebsrat auch bislang bereits das Klagerecht in Anspruch nehmen.

Vordringlich ist § 17 deshalb als zweifache Klarstellung aufzufassen: Zum einen sind die Ziele des AGG – nämlich die Beseitigung und Verhinderung von Diskriminierungen – gesellschaftlich derart bedeutend, dass die Sozialpartner ausdrücklich aufgefordert werden, im Rahmen ihrer Möglichkeiten hieran mitzuwirken. Hierzu gehört auch bei Bedarf eine Klage des Betriebsrats. Letztlich also gewährt § 17 Absatz 2 nicht nur ein Klagerecht, sondern fordert im Zusammenhang mit § 17 Absatz 1 zu derartigen Klagen ausdrücklich auf.[37] Zum anderen wird dadurch, dass § 17 Absatz 2 auf das Betriebsverfassungsgesetz Bezug nimmt, klargestellt, dass sämtliche Regelungen der Betriebsverfassung vor dem Hintergrund des Gleichbehandlungsgrundsatzes auszulegen und anzuwenden sind.

---

36 Mit der letzten, hektischen Änderung am AGG wurde die Bezugnahme auf § 23 BetrVG »zur Klarstellung« verdoppelt. Im AGG steht nun, das Klagerecht bestehe bei einem groben Verstoß gegen Vorschriften aus dem AGG »unter der Voraussetzung des § 23 Abs. 3 Satz 1 des BetrVG«. Einzige Voraussetzung des § 23 Abs. 3 BetrVG ist das Vorliegen eines groben Verstoßes gegen das BetrVG. Dies könnte man so verstehen, als meine der Gesetzgeber das Klagerecht nach dem AGG bestehe nur dann, wenn gleichzeitig auch ein grober Verstoß gegen das BetrVG vorliegt. So jedoch ist es nicht gemeint, es sollte nur klargestellt werden, dass auch beim AGG nicht jeder Verstoß das Klagerecht begründet, sondern eben nur ein »grober«. Jede andere Sichtweise würde zur Überflüssigkeit der Vorschrift führen, da unter der Voraussetzung des § 23 BetrVG das Klagerecht ohnehin bereits besteht.

37 Die Gesetzesbegründung führt aus, das Klagerecht diene dazu, die Verantwortlichkeit der Betriebsräte zu betonen.

2. Welcher Verstoß ist grob?

Was ein »grober Verstoß« ist, wird die Arbeitsgerichtsbarkeit vor dem Hintergrund der bisherigen Rechtsprechung zu § 23 Absatz 3 BetrVG beurteilen. Hierbei wird Folgendes zu beachten sein: Das Klagerecht des Betriebsrats besteht bei Verstößen gegen das Betriebsverfassungsgesetz sowie bei Verstößen gegen das AGG. Allen anderen Gesetzen weist der Gesetzgeber nicht eine derart herausgehobene Bedeutung zu, dass er den Betriebsrat mit einer derartigen Überwachungskompetenz ausstattet.[38] Dementsprechend dürfen die Voraussetzungen, unter denen das Recht ausgeübt werden kann, in der Praxis nicht zu hoch angesetzt werden. Der Betriebsrat soll darüber wachen, dass das AGG eingehalten wird. Die Beschränkung des Klagerechts auf »grobe« Verstöße dient dazu, nicht gleich jede unbedeutende Zweifelsfrage vor Gericht zu bringen. Sie ist jedoch nicht so zu verstehen, dass das Klagerecht nur bei massiven oder gar vorsätzlichen Verstößen bestehen würde.

Danach ist von folgenden Grundsätzen auszugehen:
- Ein grober Verstoß ist immer dann anzunehmen, wenn Rechte wiederholt missachtet werden. Verstößt der Arbeitgeber beharrlich gegen das AGG, besteht das Klagerecht, auch wenn nicht jeder einzelne Verstoß als schwerwiegend erscheint.

Beispiel 1: In einem Betrieb beschweren sich weibliche Beschäftigte häufig darüber, dass sie von verschiedenen Kollegen belästigt werden. Der Betriebsrat hat mehrmals erfolglos den Arbeitgeber aufgefordert, geeignete Maßnahmen im Sinne des § 12 zu treffen. Der Arbeitgeber tut jedoch gar nichts gegen die Belästigungen. Der Betriebsrat kann deshalb beim Arbeitsgericht beantragen, den Arbeitgeber dazu zu verpflichten, Schulungen gemäß § 12 Absatz 2 abzuhalten.

Beispiel 2: Trotz mehrfacher Beschwerden des Betriebsrats rückt der Arbeitgeber nicht von seiner Praxis ab, in allen Stellenanzeigen »hervorragende Deutschkenntnisse« auch dann zu fordern, wenn nur ausreichende Deutschkenntnisse für die Stelle erforderlich sind. Der Arbeitgeber verstößt damit beharrlich gegen § 11, weil die Stellenausschreibung diskriminierend ist.
Der Betriebsrat kann beim Arbeitsgericht beantragen, dem Arbeitgeber aufzugeben, dies zu unterlassen.

- Andererseits ist die Wiederholung keine Voraussetzung dafür, von einem groben Verstoß auszugehen. Ein einmaliger Verstoß löst das Klagerecht dann aus, wenn er schwerwiegend erscheint.

---

38 Der Betriebsrat darf nicht klagen, wenn der Arbeitgeber etwa gegen das Kündigungsschutzgesetz verstößt.

Das Allgemeine Gleichbehandlungsgesetz

> **Beispiel 1:** Ein Arbeitgeber weist seine Personalabteilung an, keine »dunkelhäutigen« Bewerber einzustellen. Dies ist als direkte Diskriminierung wegen der »Rasse« offensichtlich rechtswidrig. Der Betriebsrat kann beim Arbeitsgericht Unterlassung beantragen.
>
> **Beispiel 2:** Ein Arbeitgeber fragt Bewerberinnen im Vorstellungsgespräch nach ihrer Familienplanung. Dies dient allein der rechtswidrigen Ungleichbehandlung wegen beabsichtigter Schwangerschaft. Der Betriebsrat kann beim Arbeitsgericht Unterlassung beantragen.

- Schließlich setzt das Klagerecht kein Verschulden des Arbeitgebers voraus. Es genügt, dass das Verhalten objektiv rechtswidrig ist.

> **Beispiel:** Der Arbeitgeber will bei einer Kündigungswelle vordringlich die ausländischen Kollegen kündigen. Da im AGG steht, es gelte nicht für Kündigungen, hält er dies für rechtmäßig. Der Betriebsrat kann Unterlassung beantragen, da das Verhalten objektiv rechtswidrig ist – die Ausnahmebestimmung zu Kündigungen im AGG verstößt gegen europäisches Recht und darf nicht angewendet werden.

3. Was kann der Betriebsrat geltend machen?

Der Betriebsrat kann dem AGG zufolge die in § 23 BetrVG genannten Rechte geltend machen. Der Betriebsrat kann also den Arbeitgeber durch das Arbeitsgericht verpflichten lassen,
- eine Handlung zu unterlassen (etwa: diskriminierende Stellenanzeige);
- die Vornahme einer Handlung zu dulden (etwa: Mitarbeiterbefragung durch den Betriebsrat) oder
- eine Handlung vorzunehmen (etwa: Kündigung eines offen rassistischen Mitarbeiters).

Kommt der Arbeitgeber seinen Verpflichtungen auch nach der Verurteilung durch das Arbeitsgericht nicht nach, kann beim Arbeitsgericht beantragt werden, ihn durch Verhängung eines Zwangsgeldes hierzu zu zwingen.

IV. Möglichkeiten für den Betriebsrat

Das AGG gibt den Betriebsräten keine grundsätzlich neuen Instrumente an die Hand. Es können jedoch die bewährten Instrumente des Betriebsverfassungsgesetzes genutzt werden, um Benachteiligungen zu verhindern oder zu beseitigen.

Vor allem sollte das Inkrafttreten des AGG zum Anlass genommen werden, die Vorschrift des § 75 BetrVG konsequent anzuwenden. Arbeitgeber und Betriebsrat »haben darüber zu wachen«, dass jede unterschiedliche Behandlung aus den im AGG genannten Gründen unterbleibt. Darüber wachen meint mehr, als Beschwerden entgegennehmen. Gefordert ist eine aktive Überwachung der betrieblichen Praxis auf ihre Vereinbarkeit mit dem Gleichbehandlungsgrundsatz hin. Der Betriebsrat muss gegen Benachteiligungen auch dann vorgehen, wenn die Betroffenen selbst sich nicht beschweren.

Im Folgenden soll vorgestellt werden, welche Vorschriften des Betriebsverfassungsgesetzes hierfür genutzt werden können.

1. Betriebsvereinbarungen nach § 88 BetrVG

§ 88 BetrVG regelt die Möglichkeit freiwilliger Betriebsvereinbarungen. In seiner Ziffer 4 werden besonders Vereinbarungen zur »Integration ausländischer Arbeitnehmer« angeregt.

Das Betriebsverfassungsgesetz eröffnet damit die Möglichkeit, in Betriebsvereinbarungen umfassende Abreden zum Diskriminierungsschutz zu treffen. Für den Betriebsrat erzwingbar sind Betriebsvereinbarungen zum Verhalten der Arbeitnehmer im Betrieb sowie über Sozialeinrichtungen (§ 87 BetrVG) und Vereinbarungen über die Durchführung betrieblicher Bildungsmaßnahmen (§ 98 BetrVG). Es bietet sich jedoch an, über die erzwingbaren Regelungsbereiche hinaus entsprechend der Aufforderung in § 17 AGG umfassende Absprachen zu treffen. Inwieweit Regelungen hinsichtlich der verschiedenen Diskriminierungsmerkmale in einer oder auch in

Das Allgemeine Gleichbehandlungsgesetz

mehreren getrennten Betriebsvereinbarungen geregelt werden sollten, hängt vor allem auch von der Größe des Betriebs ab.

In den letzten Jahren wurden verschiedene Musterbetriebsvereinbarungen veröffentlicht, die als Formulierungshilfe in den Betrieben verwendet werden können.[39]

Sinnlos wäre es, eine Betriebsvereinbarung nur für die Akten und das gute Gewissen zu schließen. Es sollte vielmehr sichergestellt werden, dass die Vereinbarung auch zu tatsächlichen Veränderungen führt. Hierzu sollte zunächst jeder Beschäftigte ein Exemplar der Vereinbarung erhalten, wobei bei Bedarf auch für eine Übersetzung des Textes gesorgt werden sollte. Weiter sollte in der Betriebsvereinbarung selbst festgehalten werden, was die nächsten Schritte sind, bis wann diese umgesetzt sein müssen und wer hierfür jeweils verantwortlich ist. Auf diese Weise kann eine kontinuierliche Beschäftigung mit dem Thema gefördert werden.

In einer entsprechenden Betriebsvereinbarung könnten Regelungen zu den folgenden Punkten getroffen werden:

- Wer ist im Betrieb zur Entgegennahme von Beschwerden nach § 13 AGG vorgesehen? Welches Verfahren ist bei einer Beschwerde einzuhalten? Wie wird der Betriebsrat in das Beschwerdeverfahren einbezogen?
- Was tut der Betrieb zur Förderung der Deutschkenntnisse von Personen mit Migrationshintergrund?[40] Werden Sprachkurse innerhalb oder außerhalb der üblichen Arbeitszeiten angeboten? Bezahlt der Betrieb alles, oder müssen die Beschäftigten einen Eigenanteil für den Sprachkurs leisten?
- Welche Schulungen im Sinne des § 12 AGG werden gehalten? Wer entscheidet über den Anbieter? Wie oft finden diese Schulungen statt?
- Welche Schritte werden unternommen, um Benachteiligungen im Einstellungsverfahren zu unterbinden? Akzeptiert der Betrieb im Ausland erworbene Qualifikationen? Wo werden freie Stellen ausgeschrieben? Welche Fragen werden im Einstellungsverfahren den Bewerbern gestellt, und nach welchen Kriterien werden verwendete Testverfahren ausgewählt?

---

39 Vgl. Nollert-Borasio/Perreng, AGG, Seite 195 sowie im Internet: »Eckpunkte für eine Betriebsvereinbarung zur Gleichbehandlung« der IG Metall und des DGB; »Muster-Betriebsvereinbarung Für Gleichbehandlung und Partnerschaft«, Klaus Lörcher (ver.di-Bundesvorstand).

40 Es sollte vermieden werden, zwischen »Deutschen« und »Ausländern« zu differenzieren. Viele Menschen mit »ausländischem« Hintergrund sind in Deutschland geboren oder haben die deutsche Staatsangehörigkeit. Sie dennoch als Ausländer zu bezeichnen, ist falsch und signalisiert ihnen, dass sie nicht dazu gehören sollen.

- Will der Betrieb im Rahmen der Berufsausbildung Frauen und Jugendliche mit Migrationshintergrund gezielt fördern? Wenn ja, wie soll dies geschehen?
- Sollen die für den Betrieb entwickelten Grundsätze auch für Drittfirmen gelten, deren Dienste der Betrieb in Anspruch nimmt? Will der Betrieb zum Beispiel dafür sorgen, dass das von einer Fremdfirma gestellte Reinigungspersonal die im Betrieb für angemessen erachteten Arbeits- und Entgeltbedingungen in Anspruch nehmen kann?[41]
- Vor allem in großen Betrieben sollte die Möglichkeit genutzt werden, eine Betriebsvereinbarung über die Erfassung der betrieblichen Realität zu treffen. Hier kann festgeschrieben werden, mit welchem Verfahren untersucht wird, ob es Anhaltspunkte für fehlende Chancengleichheit gibt. Durch eine – natürlich anonymisierte – Erfassung der Beschäftigungsstruktur könnten etwa folgende Fragen geklärt werden, um dann zu entscheiden, inwieweit Handlungsbedarf besteht:
  - Sind Frauen und Männer bzw. Personen mit und ohne Migrationshintergrund in den verschiedenen Hierarchieebenen angemessen vertreten? Welchen Anteil haben sie an den Vorgesetztenfunktionen? Welchen Anteil haben sie demgegenüber an der Gesamtbelegschaft? Wie wirkt sich dies auf die Gehälter aus?
  - Wie vielen Personen ist es in den letzten Jahren gelungen, bis zum Eintritt des Rentenalters zu arbeiten? Wie viele mussten bereits zuvor den Betrieb verlassen? Wie ist insgesamt die Altersstruktur der Beschäftigten?
  - Wie sieht es aus bei den Ausbildungsplätzen? Werden in angemessenem Umfang Frauen, Personen mit Migrationshintergrund und Behinderte ausgebildet? Gibt es hier Unterschiede bei den Ausbildungsabschlüssen?
  - Wie viele Behinderte und Schwerbehinderte werden beschäftigt? Ist deren Anteil steigend, fallend oder gleich bleibend?

Nach Abschluss einer derartigen Erfassung sollten dann die Ergebnisse analysiert werden. Zeigt sich Handlungsbedarf – dies wird in der Regel der Fall sein – können Maßnahmen in einer weiteren Betriebsvereinbarung gezielt vereinbart werden.

---

41 Viele Frauen mit Migrationshintergrund arbeiten in Verleihunternehmen, die meist selbst nicht über einen handlungsfähigen Betriebsrat verfügen. Die Arbeitsbedingungen sind hier oft entsprechend schlecht. Der Betriebsrat des Unternehmens, das diese Arbeitskräfte anfordert, kann hier durch Absprachen mit dem Unternehmen seiner sozialen Verantwortung gerecht werden.

Das Allgemeine Gleichbehandlungsgesetz

2. Förderung geschützter Personen nach § 80 BetrVG

Nach § 80 BetrVG hat der Betriebsrat u. a. folgende Aufgaben, die im Kontext des Diskriminierungsschutzes relevant sind:
- Er hat darüber zu wachen, dass die zu Gunsten der Arbeitnehmer geltenden Gesetze eingehalten werden;

    Das AGG ist natürlich ein solches Gesetz. Die Überwachungspflicht jedoch erstreckt sich nicht nur auf nationale Gesetze, sondern auch auf den europäischen Rechtsrahmen. Der Betriebsrat kann also durchaus gegenüber dem Arbeitgeber argumentieren, bestimmte Vorschriften des AGG würden gegen das europäische Recht verstoßen und eine Anwendung des AGG in europarechtsmäßiger Weise verlangen.

- Er hat die Durchsetzung der tatsächlichen Gleichstellung von Frauen und Männern zu fördern sowie die Vereinbarkeit von Familie und Erwerbstätigkeit;

    Die tatsächliche Gleichstellung von Frauen und Männern wird in der Verfassung gefordert. Bei den anderen Diskriminierungsmerkmalen wird diskutiert, ob hier »nur« Diskriminierungsschutz oder die Durchsetzung der tatsächlichen Gleichstellung anzustreben ist; hinsichtlich des Geschlechts ist dies durch die Verfassung geklärt.
    Der Betriebsrat hat in diesem Kontext dafür zu sorgen, dass der Beschäftigung und dem beruflichen Aufstieg von Frauen keine Hindernisse im Wege stehen. Da die Kinderbetreuung noch maßgeblich Frauensache ist, gehört hierzu auch, die Vereinbarkeit von Familie und Beruf zu fördern. Hierzu gehören etwa die Einrichtung betrieblicher Kinderbetreuung oder die Unterstützung der Betroffenen bei einem Wunsch nach Arbeitszeitreduzierung oder flexiblerer Arbeitszeit.

- Er hat die Eingliederung Schwerbehinderter und sonstiger besonders schutzwürdiger Personen zu fördern;

    Der Betriebsrat hat dafür Sorge zu tragen, dass der Arbeitgeber seine Verpflichtungen gegenüber Schwerbehinderten aus dem SGB IX einhält. Dazu gehören besonders die Erfüllung der Beschäftigungsquote sowie die barrierefreie Gestaltung des Betriebs. Da das AGG nun auf Behinderte und nicht mehr nur auf Schwerbehinderte abstellt, werden vor allem Behinderte mit einem Grad der Behinderung von weniger als 50 als »sonstige besonders schutzbedürftige Personen« im Sinne des § 80 BetrVG anzusehen sein.

- Er hat die Beschäftigung älterer Arbeitnehmer im Betrieb zu fördern;

    Hinsichtlich des Alters erhält der Betriebsrat vom Gesetzgeber verwirrende Signale. Nach § 80 BetrVG soll er die Beschäftigung älterer Arbeitnehmer im Betrieb fördern. Nach § 75 BetrVG in der durch das AGG veränderten Fassung hat er

Das Allgemeine Gleichbehandlungsgesetz

gleichzeitig darauf zu achten, dass »jede unterschiedliche Behandlung« wegen des Alters unterbleibt. § 10 AGG wiederum erläutert, dass zahlreiche unterschiedliche Behandlungen wegen des Alters nun doch zulässig sind.

Zur Beruhigung sei hier klargestellt, dass man dies weder verstehen kann noch muss. Im Gesetzgebungsverfahren haben verschiedene Menschen unterschiedliche Dinge in verschiedene Paragraphen geschrieben, ohne sich über die Wechselwirkungen Gedanken zu machen.

Gemeint ist letztlich Folgendes:

Derzeit werden überwiegend ältere Beschäftigte benachteiligt. Diesen wird häufig eine nachlassende Leistung unterstellt oder vorgeworfen. Der Betriebsrat soll dafür sorgen, dass dies nicht zu Benachteiligungen der älteren Beschäftigten führt. Gleichzeitig ist jetzt jede Benachteiligung wegen des Alters am AGG zu messen. Auf der einen Seite ist die Beschäftigung älterer Beschäftigter zu fördern, auf der anderen Seite darf dies nicht zu unverhältnismäßigen Benachteiligungen jüngerer Beschäftigter führen.

Der Betriebsrat muss etwa dafür Sorgen, dass ältere Beschäftigte nicht aus dem Betrieb gedrängt werden und dass auch ältere Beschäftigte gute Chancen im Einstellungsverfahren haben.

Unzulässig wäre es, die Beschäftigung älterer Beschäftigter dadurch zu fördern, dass nur noch Über-fünfzigjährige eingestellt werden, denn dies würde die jüngeren Bewerber benachteiligen.

§ 75 BetrVG ist im Kontext von § 10 AGG auszulegen und anzuwenden. Der Betriebsrat muss nicht darüber wachen, dass »jede« unterschiedliche Behandlung wegen des Alters unterbleibt. Er hat nur dafür zu Sorgen, dass keine unzulässigen Benachteiligungen vorkommen.

- Er hat die Integration ausländischer Arbeitnehmer im Betrieb zu fördern und kann Maßnahmen zur Bekämpfung von Rassismus und Fremdenfeindlichkeit beantragen.

Zur Förderung der Integration ist mehr erforderlich als der Abbau rechtswidriger Benachteiligungen. Zu denken ist hier an Maßnahmen, die Integrationshindernisse beseitigen. Häufig wird die Integration durch Sprachbarrieren behindert werden. Der Betriebsrat kann hier fördernd tätig werden, indem er etwa dafür sorgt, dass ausländischen Beschäftigten während der Arbeitszeit Deutschkurse angeboten werden. Weiterhin sollte dafür gesorgt werden, dass alle wesentlichen Informationen für alle Beschäftigten verständlich sind, in dem etwa Dolmetscher bei Betriebsversammlungen anwesend sind und alles schriftliche Material auch in Übersetzung vorliegt.

Zur Erfüllung seiner oben genannten Aufgaben hat der Betriebsrat u. a. das Recht, vom Arbeitgeber die erforderlichen Unterlagen einschließlich der

Listen über Löhne und Gehälter anzufordern. Er hat weiterhin das Recht, zur Erfüllung dieser Aufgaben Sachverständige hinzuziehen, wenn dies notwendig ist.

3. Mitbestimmung nach § 87 BetrVG

§ 87 Absatz 1 BetrVG gibt dem Betriebsrat ein Mitbestimmungsrecht in allen Fragen der Ordnung des Betriebes sowie des Verhaltens der Beschäftigten im Betrieb. Nach § 87 Absatz 8 BetrVG hat der Betriebsrat auch über betriebliche Sozialeinrichtungen mitzubestimmen.

Demnach kann der Betriebsrat etwa darüber mitbestimmen, wie im Betrieb Arbeitnehmer vor Belästigung und sexueller Belästigung im Sinne des § 3 AGG geschützt werden.

Nach § 87 Absatz 8 BetrVG kann der Betriebsrat effektiv kontrollieren, ob betriebliche Sozialeinrichtungen diskriminierungsfrei gestaltet sind. Hierunter fallen Fragen wie:
- Wird die Kantine den Bedürfnissen aller Beschäftigten gerecht?

Wenn der Betrieb gläubige Moslems beschäftigt, muss er auch Gerichte ohne Schweinefleisch und Alkohol anbieten.

- Steht ein Betriebskindergarten allen beschäftigten Eltern zur Verfügung?

Väter würden wegen ihres Geschlechts benachteiligt werden, wenn nur Frauen Kinderbetreuung angeboten würde.

- Sind betriebliche Sozialleistungen diskriminierungsfrei ausgestaltet?

Beispiel: Der Arbeitgeber richtet einen Fond ein, aus dem die Ehepartner verstorbener Beschäftigter eine Rente erhalten können. Der Betriebsrat ist der Ansicht, dies würde die Beschäftigten Lesben und Schwulen benachteiligen, da deren Partner keine Rente erhalten könnten. Der Betriebsrat meint richtigerweise, auch Partnern eingetragener Lebensgemeinschaften müsse die Rente zugutekommen können. Da die Angelegenheit mitbestimmungspflichtig ist, kann der Betriebsrat die Einigungsstelle anrufen.

4. Personalplanung gemäß § 92 BetrVG

Nach § 92 BetrVG hat der Arbeitgeber mit dem Betriebsrat über die gesamte Personalplanung zu beraten. Er muss den Betriebsrat hierfür rechtzeitig über alle geplanten Maßnahmen unterrichten. Der Betriebsrat hat hier ein

Vorschlagsrecht für die Personalplanung. Das Gesetz spricht in § 92 Absatz 3 BetrVG bereits an, dass dies besonders für die Förderung der Gleichstellung der Geschlechter zu nutzen ist.

Zur Personalplanung gehören auch Stellenbeschreibungen und Anforderungsprofile für Bewerber. Hier kann der Betriebsrat dafür sorgen, dass er rechtzeitig über diese informiert wird, sowie dafür, dass Stellenbeschreibungen und Anforderungsprofile diskriminierungsfrei ausgestaltet werden.

Im Rahmen der Personalplanung kann analysiert werden, welche Hindernisse bislang einer angemessenen Vertretung etwa der Geschlechter oder ethnischer Gruppen in den verschiedenen Hierarchieebenen des Unternehmens entgegenstanden. Auf derartige Missstände kann dann mit längerfristigen Maßnahmen der Personalplanung – etwa Förderpläne, Änderung der Auswahlverfahren, Schulung der Personalverantwortlichen zur Verhinderung von Diskriminierung – reagiert werden.

5. Auswahlrichtlinien nach § 95 BetrVG

Hat der Betrieb mehr als 500 Beschäftigte, kann der Betriebsrat verlangen, dass Richtlinien über die bei Einstellungen, Versetzungen, Umgruppierungen und Kündigungen zu beachtenden Voraussetzungen aufgestellt werden. Ist der Betrieb kleiner, hat der Betriebsrat nur dann ein Mitbestimmungsrecht, wenn der Arbeitgeber selbst derartige Richtlinien einführen will.

Mit der Vereinbarung von Auswahlrichtlinien kann wirksam dazu beigetragen werden, dass die Personalauswahl ohne Diskriminierungen erfolgt. Wichtig ist, die Kriterien für jede einzelne zu besetzende Stelle möglichst detailliert herauszuarbeiten. Je genauer jeweils die Stellenbeschreibung und das zugehörige Anforderungsprofil festgelegt ist, desto weniger können subjektive Faktoren und Vorurteile das Auswahlverfahren verzerren.

Ist eine Auswahlrichtlinie erst einmal in Kraft, kann der Betriebsrat natürlich auch im Einzelfall kontrollieren, ob sie eingehalten wurde.

6. Mitbestimmung bei Schulungen gemäß § 98 BetrVG

Nach § 98 BetrVG hat der Betriebsrat ein erzwingbares Mitbestimmungsrecht bei der Durchführung betrieblicher Bildungsmaßnahmen. Dies gilt auch für Schulungen zur Verhinderung von Benachteiligungen im Sinne des § 12 AGG. Nach Inkrafttreten des AGG zeichnete sich ab, dass zahlreiche

Beratungsfirmen mit zweifelhafter Qualifikation im Diskriminierungsschutz auf diesen Markt drängen. Der Betriebsrat sollte hier seine Möglichkeiten nutzen und dafür sorgen, dass nur tatsächlich fachlich qualifizierte Personen für derartige Schulungen herangezogen werden.

Anderenfalls besteht die Gefahr, dass mit in der Praxis wertlosen Alibischulungen versucht wird, die Vermutungswirkung des § 12 Absatz 2 zu erreichen, sich also den tatsächlich erforderlichen Maßnahmen zu entziehen.

7. Kontrolle personeller Einzelmaßnahmen gemäß § 99 BetrVG

Hat ein Betrieb mehr als 20 Beschäftigte, muss der Arbeitgeber den Betriebsrat vor jeder Einstellung unterrichten. Hierzu gehört es auch, dem Betriebsrat die Bewerbungsunterlagen der Bewerber zu übergeben. Der Betriebsrat soll prüfen können, ob das Bewerbungsverfahren rechtmäßig abgelaufen ist.

Der Betriebsrat kann die Zustimmung zu einer Einstellung u. a. dann verweigern, wenn die Einstellung einen Verstoß gegen ein Gesetz, eine Betriebsvereinbarung oder eine Richtlinie nach § 95 BetrVG darstellt.

Mit § 99 BetrVG kann der Betriebsrat dafür sorgen, dass bei Einstellungen die Verpflichtungen aus dem AGG eingehalten werden. Dies ist deshalb besonders wichtig, weil das AGG selbst den Benachteiligten keinen Anspruch auf Einstellung zugesteht (§ 15 Absatz 6). Nach dem AGG kann eine benachteiligte Person nur Schadensersatz erhalten, jedoch nie einen Anspruch auf die gewünschte Arbeit geltend machen. Hier können die Betriebsräte helfen: Wenn im Bewerbungsverfahren Verstöße gegen das AGG vorgekommen sind, stellt die Einstellung des zu Unrecht bevorzugten Bewerbers einen Verstoß gegen das Gesetz dar. Der Betriebsrat kann die Zustimmung verweigern und so dazu beitragen, dass Personen aus benachteiligten Gruppen auch tatsächlich gleichberechtigt am Erwerbsleben teilnehmen können.

Dieses Recht wird auch dazu genutzt werden können, Verstöße des Arbeitgebers gegen die Pflicht zur diskriminierungsfreien Ausschreibung nach § 11 AGG zu verhindern. Verstößt die Ausschreibung gegen § 11, kann der Betriebsrat nicht nur das Klagerecht des § 17 Absatz 2 AGG nutzen. Er kann auch der Einstellung widersprechen, die Ergebnis der rechtswidrigen Ausschreibung sein soll.

8. Mitbestimmung bei Kündigungen gemäß § 102 BetrVG

Kündigungen unterliegen in vollem Umfang der Kontrolle durch das AGG. Da die anders lautende Bestimmung des § 2 Absatz 4 europarechtswidrig ist, darf sie nicht angewendet werden.

Vor jeder Kündigung muss der Betriebsrat gehört werden. Nach dem Betriebsverfassungsgesetz waren die Reaktionsmöglichkeiten des Betriebsrats begrenzt. Ein tatsächlich wirksamer Widerspruch war nur möglich bei einer betriebsbedingten Kündigung (§ 102 Absatz 3 BetrVG).

Jetzt hat der Betriebsrat die Möglichkeit, auch bei verhaltens- und personenbedingten Kündigungen wirksam Einfluss zu nehmen, wenn diese dem AGG widersprechen. Durch § 102 BetrVG ist sichergestellt, dass der Betriebsrat vor der Kündigung informiert wird. Stellt die Kündigung einen groben Verstoß gegen das AGG dar, kann der Betriebsrat gemäß § 17 Absatz 2 beim Arbeitsgericht beantragen, den Arbeitgeber zur Unterlassung der beabsichtigten Kündigung zu verpflichten. Da bei Kündigungen die Zeit meist drängt, wird dieser Anspruch in der Regel im Verfahren des einstweiligen Rechtsschutzes geltend gemacht werden müssen.

Mit diesem Instrument kann den Betroffenen tatsächlich geholfen werden. Kündigungsschutzprozesse führen bislang in aller Regel dazu, dass die Betroffenen am Ende trotz Rechtswidrigkeit der Kündigung resignieren und sich auf einen Abfindungsvergleich einlassen. Kann jedoch verhindert werden, dass die Kündigung überhaupt erst ausgesprochen wird, können die Betroffenen ihr Recht auf Erhaltung des Arbeitsplatzes tatsächlich wahrnehmen.

Beispiel: Der Arbeitgeber hört den Betriebsrat zur beabsichtigten Kündigung des Herrn A wegen Diebstahlsverdacht an. Der Betriebsrat hört den Betroffenen gemäß § 102 BetrVG an.[42] Hierbei stellt sich heraus, dass der Betroffene ausländische Beschäftigte kaum deutsch spricht und ohne Übersetzer zu den Vorwürfen »befragt« wurde. Deshalb konnte er den falschen Verdacht nicht ausräumen. Hierdurch hat Herr A natürlich sehr viel schlechtere Verteidigungschancen als ein deutscher Kollege, sodass die Kündigung ihn wegen seiner Herkunft benachteiligen würde. Der Betriebsrat kann beim Arbeitsgericht beantragen, den Arbeitgeber dazu zu verpflichten, die Kündigung zu unterlassen.

---

42 Es ist dringend zu empfehlen, hiervon Gebrauch zu machen. Es gibt leider Betriebsräte, die blind den Angaben des Arbeitgebers vertrauen, ohne mit den Betroffenen zu sprechen. Dies stellt häufig eine Verletzung der Pflichten des Betriebsrats dar.

Das Allgemeine Gleichbehandlungsgesetz

9. Kündigungsverlangen nach § 104 BetrVG

Nach § 104 BetrVG kann der Betriebsrat besonders bei rassistischen Betätigungen eines Mitarbeiters verlangen, dass dieser durch Kündigung aus dem Betrieb entfernt wird. Voraussetzung ist hier allerdings ein wiederholtes Verhalten, dass den Betriebsfrieden ernsthaft stört. In diesem Fall hatte der Betriebsrat auch nach dem Betriebsverfassungsgesetz schon die Möglichkeit, beim Arbeitsgericht zu beantragen, den Arbeitgeber zur Kündigung des Täters zu verpflichten.

Nach dem AGG ist nun ein »wiederholtes« Fehlverhalten nicht mehr zwingend, um den Entfernungsanspruch auszulösen. Nach § 12 Absatz 3 AGG muss der Arbeitgeber die »geeigneten, erforderlichen und angemessenen« Maßnahmen ergreifen, um eine Benachteiligung durch Beschäftigte zu unterbinden. Dies kann in Extremfällen auch eine Kündigung nach einem einmaligen Verstoß darstellen. Äußert etwa ein Beschäftigter zu ausländischen Kollegen »euch müsste man alle vergasen« muss der Betriebsrat nicht auf eine Wiederholung warten, bis er den Anspruch auf Entfernung des Mitarbeiters geltend macht. Der Anspruch kann dann nach § 17 Absatz 2 AGG als eigenständige Klage des Betriebsrats geltend gemacht werden.

D. Beispiele zu den einzelnen Diskriminierungsmerkmalen und Tatbeständen

Im Folgenden soll anhand komplexerer Beispielsfälle die Anwendung des AGG in der Praxis erläutert werden. Hierbei geht es darum, Strukturen zu verdeutlichen und Möglichkeiten sowohl für Betroffene wie auch Betriebsräte aufzuzeigen. Im realen Leben ist kein Fall wie der andere; vor einer schematischen Übernahme aufgezeigter Lösungen ist deshalb zu warnen.

I. Diskriminierung im Einstellungsverfahren

1. Beispielsfall: Mittelbare Diskriminierung bei der Bewerbersuche

Ein Unternehmen sucht einen Auslieferungsfahrer. Die Stelle erfordert ordentliche Deutschkenntnisse, um die Kommunikation mit Kollegen und Kunden zu gewährleisten. In der Stellenanzeige findet sich neben den sonstigen Anforderungen das Kriterium: »Erwartet werden hervorragende Deutschkenntnisse in Wort und Schrift.«

Auf die Stelle bewirbt sich auch Herr Censi aus der Türkei. Er hat langjährige Erfahrungen als Auslieferungsfahrer. In seiner Bewerbung gibt er wahrheitsgemäß an, er könne Deutsch gut sprechen und verstehen, seine Deutschkenntnisse seien jedoch, insbesondere schriftlich, eher durchschnittlich als hervorragend.

Herr Censi erhält seine Bewerbungsunterlagen deshalb zurück, die Stelle erhält Herr Müller.

Welche Ansprüche hat Herr Censi?
Die Stellenanzeige formuliert Anforderungen, die für die Tätigkeit nicht erforderlich sind. Erforderlich sind nur ordentliche Deutschkenntnisse, gefordert werden jedoch »hervorragende in Wort und Schrift«. Diese Art der Ausschreibung verstößt gegen § 11 AGG. Herr Censi gilt mit seiner Bewer-

bung als Beschäftigter (§ 6 Absatz 1) und wird durch die unnötige Anforderung im Sinne des § 7 benachteiligt.

Es handelt sich um eine mittelbare Benachteiligung im Sinne des § 3 Absatz 2. Da wesentlich mehr Deutsche als Türken hervorragende Deutschkenntnisse haben, kann die Anforderung Türken gegenüber Deutschen wegen ihrer ethnischen Herkunft benachteiligen. Die Anforderung ist rechtswidrig, da sie durch kein rechtmäßiges Ziel sachlich gerechtfertigt ist.

Herr Censi kann Ansprüche auf Schadensersatz und Entschädigung geltend machen. Da die Ausschreibung einen klaren Verstoß gegen § 11 darstellt, hat der Arbeitgeber die Pflichtverletzung zu vertreten; deshalb kommt auch Schadensersatz in Frage.

Ob hier neben der Entschädigung auch Schadensersatz zu zahlen ist, hängt davon ab, ob Herr Censi auch ohne die Benachteiligung den Job nicht gekriegt hätte. Hätte er den Job ohne Benachteiligung erhalten, muss der Arbeitgeber alle Schäden ersetzen, also etwa die Differenz zwischen dem vorgesehenen Lohn und dem Arbeitslosengeld, das Herr Censi erhält. Theoretisch ist dieser Anspruch zeitlich und der Höhe nach unbegrenzt.

Hätte er den Job jedoch auch ohne Benachteiligung nicht gekriegt, hat Herr Censi nur Anspruch auf Entschädigung, deren Höhe auf maximal drei Monatsgehälter begrenzt ist.

Einen Anspruch auf Einstellung hat Herr Censi wegen § 15 Absatz 6 unter keinen Umständen.

Was kann der Betriebsrat tun?

Der Betriebsrat ist nach § 17 Absatz 1 aufgefordert, an der Verhinderung oder Beseitigung von Benachteiligungen mitzuwirken. Er kann nicht nur etwas tun, sondern wird hierzu ausdrücklich aufgefordert.

Zur Beseitigung der vorliegenden Benachteiligung des Herrn Censi kann der Betriebsrat gemäß § 99 BetrVG die Zustimmung zur Einstellung des Herrn Müller verweigern, da die Einstellung gegen das AGG verstieß. Dies führt zwar nicht zwingend dazu, dass dann anstelle des Herrn Müller Herr Censi eingestellt wird; die Wiederholung des Verfahrens, um die Stelle zu besetzten, räumt diesem jedoch neue Chancen ein.

Zur Verhinderung einer derartigen Benachteiligung in der Zukunft kann der Betriebsrat im Rahmen des § 92 BetrVG in den Beratungen über die Personalplanung auf den Arbeitgeber einwirken, damit dieser benachteiligende Stellenausschreibungen unterlässt. Zeigt der Arbeitgeber sich uneinsichtig, kann der Betriebsrat gemäß § 17 Absatz 2 beim Arbeitsgericht die Unterlassung derartiger Stellenanzeigen verlangen.

2. Beispielsfall: Anweisung zur Diskriminierung bei der Bewerbersuche

Ein Unternehmen sucht Bewerber über eine Vermittlungsagentur. Der Chef des Unternehmens meint, er habe »schlechte Erfahrungen« mit afrikanischen Mitarbeitern gemacht. Er teilt deshalb der Vermittlungsagentur mit, sie möge bitte keine »dunkelhäutigen« Bewerber schicken.

Herr Boaky aus Ghana ist ebenfalls Kunde der Vermittlungsagentur, er sucht über sie einen Job. Er hat das passende Anforderungsprofil für die Stelle und erfährt einige Wochen nach Bewerbungsschluss, die Agentur habe ihn wegen seiner Hautfarbe nicht von dem Stellenangebot informiert.

Was kann Herr Boaky tun?

Das Unternehmen hat »dunkelhäutige« Bewerber von der Ausschreibung ausgenommen. Es hat damit die Agentur in rechtswidriger Weise angewiesen (vgl. § 3 Absatz 5), gegen § 11 zu verstoßen. Diese Anweisung zur Benachteiligung gilt selbst als Benachteiligung.

Es handelt sich um eine direkte rassistische Diskriminierung. Der Chef meint, »dunkelhäutige« Menschen hätten bestimmte Eigenschaften und will sie deshalb nicht, ob die Bewerber aus Großbritannien oder aus Ghana stammen ist ihm hierbei egal.

Herr Boaky hat im Ergebnis dieselben Ansprüche wie Herr Censi im vorhergehenden Fall zur Diskriminierung bei der Einstellung.

Diese Ansprüche kann er sowohl gegen das Unternehmen wie auch gegen die Agentur geltend machen, da beide gegen das AGG verstoßen haben: Zum einen hat das Unternehmen die Agentur zur Benachteiligung angewiesen; zum anderen hat die Agentur entgegen § 7 Absatz 1 Herrn Boaky wegen seiner Hautfarbe nicht von dem Stellenangebot informiert.

Was kann der Betriebsrat des Unternehmens tun?

Der Betriebsrat kann – wie im vorhergehenden Fall – der Einstellung des durch die Agentur vermittelten Bewerbers widersprechen und dafür sorgen, dass derartige Benachteiligungen zukünftig unterbleiben. Hierfür steht ihm neben den Vorschriften des Betriebsverfassungsgesetzes das Klagerecht des § 17 Absatz 2 zur Verfügung. Direkte rassistische Diskriminierung stellt einen »groben Verstoß« gegen das AGG dar.

Was kann der Betriebsrat der Vermittlungsagentur tun?

Die Mitarbeiter der Vermittlungsagentur haben einen erkennbar rechtswidrigen Wunsch des Unternehmens befolgt und hierdurch gegen das AGG verstoßen. Der Betriebsrat muss dafür sorgen, dass zukünftig die Mitarbeiter derartige Benachteiligungen als rechtswidrig erkennen. Er sollte deshalb im

Beispiele zu Diskriminierungsmerkmalen und Tatbeständen

Rahmen des Mitbestimmungsrechts bei Schulungen gemäß § 98 BetrVG darauf hinwirken, dass der Arbeitgeber entsprechend § 12 AGG die Mitarbeiter in der Vermeidung von Benachteiligungen schult.

Widersetzt sich der Arbeitgeber dem, kann der Betriebsrat gemäß § 17 Absatz 2 den Arbeitgeber durch das Arbeitsgericht verpflichten lassen, geeignete Schulungen durchzuführen.

Weiterhin kann der Betriebsrat dem Arbeitgeber durch das Arbeitsgericht aufgeben lassen, zukünftig derartige Anweisungen zur Benachteiligung nicht mehr zu befolgen.

3. Beispielsfall: Benachteiligung im Einstellungsverfahren 1

Frau Schulz hat ein Vorstellungsgespräch. Nachdem man sich eine Stunde Erfolg versprechend unterhalten hat, fragt der Personalchef, ob sie eigentlich Kinder haben wolle. Frau Schulz antwortet wahrheitsgemäß, sie wisse dies derzeit nicht, es könne aber gut sein. Eine Woche später erhält sie die Absage. Sie erfährt, dass Herr Scholz den Job gekriegt hat. Herr Scholz hat etwas schlechtere Zeugnisse als sie und weniger Berufserfahrung.

Was kann Frau Schulz tun?

Offensichtlich hat sie den Job deshalb nicht gekriegt, weil sie angedeutet hat, sie könne sich gut vorstellen, Kinder zu haben. Eine Benachteiligung wegen Schwangerschaft oder Mutterschaft einer Frau stellt nach § 3 Absatz 1 eine unmittelbare Benachteiligung wegen des Geschlechts dar. Benachteiligungen, die an die tatsächliche oder potenzielle Schwangerschaft oder Mutterschaft anknüpfen, sind unzulässig. Die Frage nach einem Kinderwunsch im Bewerbungsgespräch ist unzulässig und sollte vermieden werden. Soweit die Frage für die Beschäftigung in rechtmäßiger Absicht bedeutsam ist (etwa: Planung der Kapazität des Betriebskindergartens), kann sie ebenso gut nach der Einstellung geklärt werden, die Einstellung jedoch darf nicht mit dem Kinderwunsch verknüpft werden.

Dass Frau Schulz diese Frage gestellt wurde und anschließend ein geringer qualifizierter Bewerber die Stelle erhielt, lässt im Sinne des § 22 das Vorliegen einer Benachteiligung wegen Schwangerschaft vermuten.

Da Frau Schulz ohne die Benachteiligung als besser Qualifizierte die Stelle erhalten hätte, kann sie neben der Entschädigung auch Schadensersatz verlangen.

Beispiele zu Diskriminierungsmerkmalen und Tatbeständen

Was kann der Betriebsrat tun?

Zunächst sollte der Betriebsrat wiederum gemäß § 99 BetrVG die Zustimmung zur Einstellung des Herrn Scholz verweigern. Dies lässt sich sowohl mit dem AGG begründen, als auch mit der Verpflichtung des Betriebsrats aus § 80 BetrVG, die Durchsetzung der tatsächlichen Gleichstellung von Frauen und Männern sowie die Vereinbarkeit von Familie und Erwerbstätigkeit zu fördern.

Weiterhin kann der Betriebsrat gemäß § 17 Absatz 2 dem Arbeitgeber durch das Arbeitsgericht aufgeben lassen, derartige Fragen im Einstellungsverfahren nicht mehr zu stellen.

Abwandlung des Falls:

Statt Frau Schulz hat nicht Herr Scholz, sondern Frau Müller die Stelle erhalten. Diese war während des Einstellungsgesprächs bereits schwanger, hatte sich jedoch entschieden, dem Personalchef auf seine Frage zu antworten, sie wolle lieber kinderlos bleiben.

Hier ändert sich nichts. Eine Verweigerung der Zustimmung durch den Betriebsrat zur Einstellung der Frau Müller sollte wohl unterbleiben, um ihr die Stelle nicht zu nehmen. Angefochten werden kann der Arbeitsvertrag nicht, da Frau Müller das Recht hatte, die unzulässige Frage wahrheitswidrig zu beantworten (anderenfalls wäre das Verbot der Frage nutzlos).

Dass statt Frau Schulz eine schwangere Frau eingestellt wurde, ändert nichts an ihrer Benachteiligung, da der Personalchef von der Schwangerschaft der Frau Müller nichts wusste.

4. Beispielsfall: Benachteiligung im Einstellungsverfahren 2

Die X-AG sucht Ingenieure. Sie verwendet ein standardisiertes Auswahlverfahren. Zunächst werden aus den Bewerbungen die besten herausgesucht. Diese Bewerber erhalten dann eine Einladung zu einem eintägigen Test, der auch Sprachfähigkeiten und einen »Intelligenztest« beinhaltet. Zu dem Test wird auch Herr Tsiao aus China eingeladen. Er lebt seit zwölf Jahren in Deutschland und gehört zu den am besten Qualifizierten. Im Intelligenztest schneidet er jedoch am schlechtesten ab und wird deshalb im weiteren Verfahren nicht berücksichtigt. Herr Tsiao kann darlegen, dass der verwendete Test nie daraufhin überprüft wurde, inwieweit seine Ergebnisse vom kulturellen Hintergrund sowie dem Sprachverständnis der getesteten Teilnehmer abhängen. Er weist darauf hin, dass er bei anderen Tests, die zuvor auf eine solche Neutralität hin überprüft wurden, immer zu den Besten gehörte und zweifelt deshalb die Rechtmäßigkeit des Auswahlverfahrens an.

Was kann Herr Tsiao tun?

Herr Tsiao kann Entschädigungsansprüche geltend machen, wenn das Einstellungsverfahren ihn wegen seiner Herkunft benachteiligt hat.

Testverfahren und vor allem so genannte »Intelligenztests« sind äußerst anfällig für Benachteiligungen. Sie sind in der Regel verknüpft mit dem kulturellen Hintergrund derjenigen, die die Tests entwickelt haben. Wer in Deutschland aufgewachsen ist, kann einen in Deutschland entwickelten Test voraussichtlich leichter bestehen als derjenige, der in einem ganz anderen kulturellen Umfeld aufgewachsen ist.

Weiterhin sind Standardtests auch geeignet, Personen wegen der Sprache zu benachteiligen. Ist der Test in der eigenen Muttersprache, fällt es leichter, schnell die richtigen Antworten zu finden. Für Herrn Tsiao ist Deutsch eine Fremdsprache, sodass er hier schlechtere Ausgangschancen als die übrigen Teilnehmer hatte.

Da Herr Tsiao nachweisen kann, dass er bei neutralen Tests besser abschneidet, kann er erfolgreich Entschädigungsansprüche geltend machen.

Was kann der Betriebsrat tun?

Der Betriebsrat hat nach § 95 BetrVG ein Mitbestimmungsrecht hinsichtlich der Frage, mit welchem Verfahren die Eignung der Bewerber festgestellt werden soll.[43] Falls überhaupt irgendwelche Tests verwendet werden sollen, kann der Betriebsrat also mitentscheiden, welche Tests angewendet werden.

Hierzu sollte sich der Betriebsrat detailliert darüber informieren, notfalls mit Hilfe eines Sachverständigen, ob ein Test zur Verfügung steht, der auf seine Neutralität hinsichtlich der ethnischen Herkunft der Bewerber geprüft wurde und als neutral anerkannt ist. Steht ein solcher Test nicht zur Verfügung, sollte im Einstellungsverfahren überhaupt kein Test angewandt werden.

5. Beispielsfall: Benachteiligung im Einstellungsverfahren durch kirchliche Träger

Eine Pflegeeinrichtung, die dem Diakonischen Werk zugehört, sucht einen Altenpfleger. Die Stellenanzeige formuliert: »Die Zugehörigkeit zur evangelischen Kirche setzen wir voraus«. Herr A bewirbt sich auf die Stelle. In der

---

43 Vgl. Klebe/Ratayczak/Heilmann/Spoo, BetrVG § 95 Rn 10.

Beispiele zu Diskriminierungsmerkmalen und Tatbeständen

Bewerbung macht er keine Angaben zu seiner Religionszugehörigkeit. Im Vorstellungsgespräch wird man sich schnell einig, dass Herr A die Stelle erhält. Der Personalleiter bittet Herrn A am Ende des Gesprächs, am nächsten Tag seine Arbeitspapiere vorbeizubringen. Bei dieser Gelegenheit sieht dann der Personalleiter, dass auf der Lohnsteuerkarte unter Konfession »keine« eingetragen ist. Als Herr A bestätigt, er gehöre keiner Kirche an, eröffnet ihm der Personalleiter, dass er sich dann gar nicht hätte bewerben dürfen und hieraus nichts werde.

Herr A erhält hieraufhin für sieben Monate trotz zahlreicher Bewerbungen weiterhin Arbeitslosengeld II, erst dann findet er eine Stelle.

Was kann Herr A tun?

Herr A hat die Stelle nicht erhalten, weil er nicht der evangelischen Kirche angehört. Eine Ungleichbehandlung wegen der Religion ist nach dem AGG verboten. Als einer Religionsgemeinschaft zugeordnete Einrichtung könnte sich die Pflegeeinrichtung darauf berufen, nach § 9 stelle die Zugehörigkeit zur evangelischen Kirche angesichts ihres Selbstbestimmungsrechts eine gerechtfertigte berufliche Anforderung dar.

Allerdings ist § 9 in einer Weise auszulegen und anzuwenden, die den Zielen des europäischen Rechts bestmöglich Geltung verschafft. Nach Artikel 4 der Rahmenrichtlinie stellt eine Ungleichbehandlung wegen der Religion nur dann keine rechtswidrige Diskriminierung dar, wenn die Religion der Person nach der Art der Tätigkeit oder der Umstände ihrer Ausübung eine wesentliche, rechtmäßige und gerechtfertigte berufliche Anforderung angesichts des Ethos der Organisation darstellt. Für einen Altenpfleger ist es weder nach der Art der Tätigkeit noch nach den Umständen ihrer Ausübung wesentlich, der evangelischen Kirche anzugehören. Die Zugehörigkeit zur Kirche sagt auch nichts über die ethischen Vorstellungen des Bewerbers aus; in der Vergangenheit traten zahlreiche Personen nur deshalb einer Kirche bei, um Pflegeberufe ausüben zu können.

Herr A ist also in rechtswidriger Weise benachteiligt worden. Er kann Entschädigung geltend machen, zusätzlich auch Schadensersatz. Dieser ist gerichtet auf die Differenz zwischen dem Arbeitslosengeld II und dem Gehalt, dass Herr A bei der Pflegeeinrichtung erhalten hätte.

Schadensersatz kann Herr A erhalten, weil er die Stelle erhalten hätte, wenn die Benachteiligung wegen der Religion ausgeblieben wäre. Die Pflegeeinrichtung hat weiterhin die Benachteiligung auch zu vertreten. Jedenfalls größere Arbeitgeber, die wie das Diakonische Werk über eigene Juristen verfügen, können sich nicht darauf verlassen, dass sämtliche Vorschriften des AGG gelten. Die Unvereinbarkeit mehrerer Vorschriften des AGG mit dem Europarecht war Gegenstand der Erörterung in der Tagespresse und der juristischen Fachliteratur, sodass der Arbeitgeber sich hier selbst darum kümmern musste, ob die Ungleichbehandlung tatsächlich rechtmäßig ist.

Dies kann man natürlich auch anders sehen und dem Arbeitgeber zubilligen, er habe auf die Geltung des AGG vertrauen dürfen (dies kann man vertreten, bis der Europäische Gerichtshof die Rechtswidrigkeit der Regelung im AGG feststellt). Bei dieser Sichtweise hätte Herr A neben dem Entschädigungsanspruch gegen die Pflegeeinrichtung einen Schadensersatzanspruch gegen die Bundesrepublik. Herr A könnte seinen Schadensersatzanspruch gegen die Pflegeeinrichtung nicht durchsetzen, weil die Bundesrepublik die Rahmenrichtlinie nicht ausreichend umgesetzt hat. In derartigen Fällen hat der Geschädigte nach der Rechtsprechung des Europäischen Gerichtshofs einen Schadensersatzanspruch gegen den Staat.

Was kann der Betriebsrat tun?

Der Betriebsrat soll nach § 17 auch dafür sorgen, dass Benachteiligungen wegen der Religion unterbleiben. Sofern die Pflegeeinrichtung überhaupt betriebsratsfähig ist (vgl. den Tendenzschutz nach § 118 Absatz 2 BetrVG), sollte der Betriebsrat im Rahmen der Personalplanung gemäß § 92 BetrVG dafür Sorge tragen, dass nur für diejenigen Stellen eine bestimmte Religion verlangt wird, für die dies auch europarechtlich zulässig ist. Unzulässig ist die Anforderung einer bestimmten Religion für alle Stellen, die keinen Bezug zur Werbung für den jeweiligen Glauben haben, also etwa für Pfleger, Reinigungskräfte, Krankenschwestern und alle sonstigen Stellen, die keinen Bezug zur Religion aufweisen.

II. Diskriminierung beim beruflichen Aufstieg

1. Beispielsfall: Benachteiligung wegen der Herkunft beim beruflichen Aufstieg

Herr A ist Ingenieur. Er ist seit sechs Jahren bei der B-AG als Projektleiter beschäftigt. Herr A stammt aus London und wird wegen seiner dunklen Hautfarbe als »Schwarzer« wahrgenommen. Wegen seiner überdurchschnittlichen Qualifikationen war Herrn A bereits bei der Einstellung zugesichert worden, er werde wohl zügig vom Projektleiter zum Abteilungsleiter aufsteigen können. In den sechs Jahren der Beschäftigung stellt er jedoch fest, dass die freiwerdenden Posten als Abteilungsleiter jeweils mit anderen Personen besetzt werden, die alle eine wesentlich hellere Hautfarbe haben.

Herr A spricht den Aufsichtsratsvorsitzenden hierauf an. Dieser erwidert, A wisse doch in was für einem Land er sei; die Mehrheit der Beschäftigten hätte einfach Probleme damit, einen Schwarzen als Abteilungsleiter zu akzeptieren. Hierauf müsse er leider Rücksicht nehmen. Der Aufsichtsratsvorsitzende bietet A an, er könne ihm doch ein Abteilungsleitergehalt bezahlen, ihn jedoch offiziell als Projektleiter weiter arbeiten lassen.

Was kann Herr A tun?

Herr A wird wegen seiner Hautfarbe, d.h. aus rassistischen Gründen, beim beruflichen Aufstieg benachteiligt. Dies ist nach dem AGG unzulässig. Realistisch betrachtet kann Herr A jedoch nicht viel tun. Für Beschäftigte, die eine bestimmte berufliche Position im Unternehmen erreicht haben, ist es selten empfehlenswert, einen Rechtsstreit mit dem Unternehmen zu beginnen. Hierfür ist es zu einfach, dem künftigen beruflichen Aufstieg Steine in den Weg zu legen.

Herr A kann sich ein Land suchen, in dem er freundlicher behandelt wird oder auf strukturelle Veränderung hoffen.

Was kann der Betriebsrat tun?

Gemäß § 99 BetrVG ist der Betriebsrat vor jeder Umgruppierung und Versetzung umfassend zu unterrichten. Der Betriebsrat sollte deshalb einen gu-

Beispiele zu Diskriminierungsmerkmalen und Tatbeständen

ten Überblick darüber haben, ob ein Unternehmen bei Höhergruppierungen und Beförderungen Personen aus allen Gruppen angemessen berücksichtigt.

Ist dies nicht der Fall, sollte der Betriebsrat im Rahmen der Mitbestimmung über die Personalplanung nach § 92 BetrVG hier für Abhilfe sorgen. Hinsichtlich der Gleichstellung der Geschlechter wird der Betriebsrat in § 92 Absatz 3 BetrVG hierzu ausdrücklich aufgefordert. Hinsichtlich der übrigen Merkmale des AGG ist derartiges natürlich ebenfalls zulässig und im Rahmen des § 17 AGG auch erwünscht. Artikel 13 der Rahmenrichtlinie regt die Überwachung der betrieblichen Praxis ausdrücklich an. Dies natürlich mit dem Ziel, diese Praxis gegebenenfalls zu verändern.

III. Diskriminierung bei Abmahnung und Kündigung

1. Beispielsfall: Diskriminierung bei Abmahnungen

Frau D stammt aus der Türkei und lebt seit fünf Jahren in Deutschland. Ihre Deutschkenntnisse sind schlecht. Sie wendet sich an den Betriebsrat, weil sie eine Abmahnung erhalten hat. Sie arbeitet als Reinigungskraft und in der Abmahnung wird ihr vorgeworfen, sie habe zum wiederholten Male nicht den Anweisungen entsprechend geputzt. Frau D erläutert dem Betriebsrat, sie habe die Anweisungen offensichtlich falsch verstanden und war davon ausgegangen, alles richtig zu machen.

Was kann der Betriebsrat tun?

Der Betriebsrat soll gemäß § 80 BetrVG die Integration ausländischer Arbeitnehmer im Betrieb fördern und gemäß § 75 BetrVG darüber wachen, dass jede unterschiedliche Behandlung wegen der Herkunft unterbleibt.

Der Betriebsrat sollte den Fall zum Anlass nehmen, zu prüfen, ob Sprachprobleme ausländischer Beschäftigter in der betrieblichen Praxis ausreichend berücksichtigt werden. Werden unterschiedliche Fähigkeiten bei der Sprache nicht berücksichtigt, besteht die Gefahr, dass ausländische Beschäftigte häufiger von Abmahnungen oder gar Kündigungen betroffen sind, da sie Vorwürfe schlechter aufklären können und es häufiger zu Missverständnissen kommt.[44] Es sollte dafür gesorgt werden, dass im Betrieb erfasst wird, inwieweit ausländische und deutsche Kollegen unterschiedlich von Abmahnungen betroffen sind. Stellen sich Unterschiede heraus, sollte der Sache auf den Grund gegangen werden.

Ohnehin sollte der Betriebsrat darauf hinwirken, dass zur Förderung der Integration Deutschkurse für die Beschäftigten ermöglicht oder angeboten werden. Zahlreiche Unternehmen bieten inzwischen kostenlose Englisch-

---

44 Nach den Erfahrungen des Verfassers in der anwaltlichen Praxis besteht der Eindruck, als erhielten ausländische Beschäftigte weitaus häufiger als deutsche Kollegen Abmahnungen für vergleichbar harmlose Sachverhalte. Dies kann darin begründet sein, dass es den Deutschen oft leichter fällt, sich aus der Sache »herauszureden«.

Beispiele zu Diskriminierungsmerkmalen und Tatbeständen

kurse für ihre Beschäftigten an und Entsprechendes sollte auch für die deutsche Sprache gelten.

Sind Mitarbeiter mit Abmahnungen oder sonstigen Vorwürfen konfrontiert, sollte es ihnen ermöglicht werden, sich ebenso gut wie Mitarbeiter mit guten Deutschkenntnissen hiergegen verteidigen zu können. In Verfahren vor dem Arbeitsgericht ist es ganz selbstverständlich und anerkannt, dass Prozessbeteiligten ohne ausreichende Deutschkenntnisse ein Dolmetscher zur Verfügung gestellt wird, damit sie ihre Rechte auch wirklich wahrnehmen können. Nichts anderes sollte für die betriebliche Praxis gelten, wenn es um Vorwürfe geht, die den Bestand des Arbeitsverhältnisses gefährden können.

2. Beispielsfall: Diskriminierung bei Kündigung 1

Im Lager eines Betriebs arbeiten 20 Personen. Von diesen sind 16 Griechen, ein Türke, ein Senegalese und zwei Deutsche. Nach einer Eskalation des Zypern-Konflikts wenden sich die griechischen Mitarbeiter geschlossen an den Chef. Sie erklären, sie wollten und könnten nicht mehr »mit Türken« zusammen arbeiten. Sie erklären, sie würden alle kündigen, wenn sie weiterhin mit »dem Türken« zusammen arbeiten müssten. Hieraufhin hört das Unternehmen den Betriebsrat zu einer beabsichtigen Kündigung des türkischen Mitarbeiters an. Man könne ihn leider nicht mehr im Lager einsetzen, andere Einsatzmöglichkeiten gebe es nicht. Das Unternehmen weist den Betriebsrat auf die Rechtsprechung zur Druckkündigung hin.

Was kann der Mitarbeiter tun?

Sofern die Kündigung ausgesprochen wird, kann der Mitarbeiter Kündigungsschutzklage erheben. Nach bisherigem Recht konnte der Arbeitgeber in diesem Fall wohl kündigen (Druckkündigung, wenn anderenfalls eine weitere Arbeit großer Teile der Belegschaft gefährdet ist).

Vorliegend soll dem türkischen Mitarbeiter gekündigt werden, weil der Großteil der Belegschaft ihn wegen seiner ethnischen Herkunft (es geht nicht darum, welche Staatsangehörigkeit er hat) ablehnt. Nach § 2 Absatz 4 gilt das AGG für Kündigungen nicht. Diese Vorschrift darf jedoch nicht angewendet werden, da sie offensichtlich europarechtswidrig ist. Der Mitarbeiter wird wegen seiner ethnischen Herkunft ungünstiger behandelt als andere; es handelt sich also um eine direkte Diskriminierung wegen der Herkunft. Dies ist rechtswidrig. Nicht als Türke wahrgenommen zu werden, stellt auch keine entscheidende Anforderung angesichts der Bedingungen

Beispiele zu Diskriminierungsmerkmalen und Tatbeständen

der Ausübung des Berufs im Sinne des § 8 dar. Der Arbeitgeber könnte argumentieren, angesichts der Feindseligkeit der Belegschaftsmehrheit gegen Türken sei dies der Fall. Es handelt sich jedoch weder um einen rechtmäßigen Zweck noch um eine angemessene Anforderung, rassistischen Tendenzen der Belegschaft nachzukommen. Anderenfalls würde Diskriminierungsschutz gerade dort leer laufen, wo er am nötigsten ist.

Die Kündigung wäre mithin rechtswidrig und damit unwirksam.

Was kann der Betriebsrat tun?

Der Betriebsrat hat keine Widerspruchsgründe im Sinne des § 102 BetrVG, die hier greifen würden. Der Mitarbeiter muss jedoch vor der Kündigung wegen seiner ethnischen Herkunft geschützt werden, dies ergibt sich aus § 75 BetrVG sowie § 17 AGG.

Um diese Aufgabe zu erfüllen, sollte der Betriebsrat nach § 17 beim Arbeitsgericht beantragen, dem Arbeitgeber die Unterlassung der beabsichtigten Kündigung aufzugeben. Hierfür wird das Verfahren des einstweiligen Rechtsschutzes die richtige Vorgehensweise sein, um der geplanten Kündigung zuvorzukommen.

3. Beispielsfall: Diskriminierung bei Kündigung 2

Ein Betrieb arbeitet mit 350 Beschäftigten ausschließlich im 3-Schichtbetrieb. Sämtliche Mitarbeiter müssen rotierend jeweils eine Früh-, Spät- und Nachtschicht ableisten. Dies tut seit acht Jahren auch Herr M. Bei Herrn M hat sich in den letzten Jahren eine Depression entwickelt, die als Behinderung mit einem Grad der Behinderung von 40 anerkannt ist. Herr M legt dem Personalleiter eine ausführliche Stellungnahme seines behandelnden Arztes vor. Dieser zufolge ist Herr M aus gesundheitlichen Gründen wegen der Depression nicht mehr in der Lage, Schicht zu arbeiten. Er müsse einen möglichst gleichmäßigen Tagesablauf haben, und deshalb sei es aus ärztlicher Sicht erforderlich, dass Herr M lediglich in der Früh- oder Spätschicht eingesetzt werde.

Der Betrieb hört den Betriebsrat zu einer beabsichtigten Kündigung des Herrn M an. Man wolle aus personenbedingten Gründen kündigen, da Herr M nicht mehr zur vereinbarten Arbeitsleistung in der Lage sei. Es wird darauf verwiesen, dass der Arbeitsvertrag Herrn M zur Schichtarbeit verpflichte. Weiter wird auf die Betriebsvereinbarung zur Schichtarbeit verwiesen, die keine Ausnahmen für einzelne Beschäftigte vom Schichtplan erlaube. Nachdem der Betriebsrat sich eine Woche lang nicht geäußert hat, wird die Kündigung ausgesprochen.

Beispiele zu Diskriminierungsmerkmalen und Tatbeständen

Was kann Herr M tun?

Herr M hat keinen Grad der Behinderung von 50 oder mehr, er gilt also nicht als Schwerbehinderter. Die Schutzvorschriften des SGB IX gelten deshalb für ihn nicht. Unabhängig hiervon ist jedoch seine Depression als Behinderung anerkannt, sodass der Schutz vor Ungleichbehandlung wegen der Behinderung nach dem AGG eingreift.

Herr M kann Kündigungsschutzklage einreichen, die gute Aussicht auf Erfolg hat. Herrn M wird wegen seiner Behinderung gekündigt, die Kündigung stellt eine Benachteiligung wegen der Behinderung dar. § 2 Absatz 4 AGG ist nicht anwendbar, die Kündigung ist also am AGG zu messen. Das AGG ist vor dem Hintergrund der Richtlinien, die es umsetzen soll, anzuwenden und auszulegen. Nach Artikel 5 der Rahmenrichtlinie muss der Arbeitgeber angemessene Vorkehrungen treffen, um die Anwendung des Gleichbehandlungsgrundsatzes auf Menschen mit einer Behinderung zu gewährleisten. Er muss Behinderten die Ausübung ihres Berufs ermöglichen, solange ihn dies nicht unverhältnismäßig belastet. Nach dem Erwägungsgrund Nr. 20 der Rahmenrichtlinie sollte u. a. durch eine Anpassung des Arbeitsrhythmus gewährleistet werden, dass ein Arbeitsplatz der Behinderung entsprechend eingerichtet ist.

Vorliegend ist eine Änderung der Arbeitszeit erforderlich, um die Beschäftigung des Herrn M zu gewährleisten.

Diese organisatorische Maßnahme ist nur dann entbehrlich, wenn sie dem Unternehmen schlicht nicht zumutbar ist. Dies wird nur selten der Fall sein.

Der Hinweis auf die Betriebsvereinbarung, die alle Beschäftigten ausnahmslos zur Schichtarbeit verpflichtet, hilft dem Unternehmen nicht. Nach § 7 Absatz 2 ist diese Betriebsvereinbarung nichtig, soweit sie zu Benachteiligungen führt. Schichtpläne müssen Ausnahmen zulassen, damit etwa besondere Bedürfnisse Behinderter oder auch die Vereinbarkeit von Familie und Beruf gewährleistet ist.

Herr M kann also durch das Arbeitsgericht feststellen lassen, dass die Kündigung unwirksam ist. Darüber hinaus kann er das Unternehmen dazu verpflichten, ihn behinderungsgerecht zu beschäftigen, ihn also aus der Nachtschicht herauszunehmen und stattdessen ausschließlich tagsüber zu beschäftigen.

Was kann der Betriebsrat tun?

Mit dem AGG wurden dem Betriebsrat auch in § 75 BetrVG neue Aufgaben zugewiesen. Er muss nun auch darüber wachen, dass jede Ungleichbehandlung wegen einer Behinderung unterbleibt (Bei der **Schwerbehinderung** sind die weitergehenden Mitbestimmungsrechte aus dem SGB IX maßgeblich).

Beispiele zu Diskriminierungsmerkmalen und Tatbeständen

Um diese Aufgabe zu erfüllen, sollten sämtliche betrieblichen Abläufe und Vereinbarungen (vgl. Artikel 13 der Rahmenrichtlinie) daraufhin untersucht werden, ob sie der Verwirklichung des Gleichbehandlungsgrundsatzes im Wege stehen können. Hierbei wird vor allem darauf zu achten sein, inwieweit betriebliche Regelungen der Berücksichtigung der Bedürfnisse bestimmter Beschäftigtengruppen im Wege stehen. Schichtpläne dürfen sich nicht ausschließlich am Modell des ungebundenen, gesunden Mitarbeiters orientieren, sondern müssen gewährleisten, dass Ausnahmen bei Behinderung oder zur Kinderbetreuung möglich sind.

Im vorliegenden Beispielsfall sollte der Betriebsrat der Kündigung ausdrücklich gemäß § 102 Absatz 3 Ziffer 5 widersprechen, da eine Weiterbeschäftigung des Herrn M durchaus möglich sein wird.

4. Beispielsfall: Maßregelung durch diskriminierende Kündigung

Im Büro der B-Betonbau GmbH arbeitet der schwule Herr Schulz. Er wird andauernd von Mitarbeitern der Firma durch zweideutige Bemerkungen und abweisendes Verhalten gekränkt. Herr Schulz wehrt sich hiergegen nicht; vielmehr ist er durch psychische Probleme immer häufiger arbeitsunfähig. Frau Müller, die ebenfalls im Büro arbeitet, mag das nicht länger mit ansehen. Sie bittet den Personalchef, die Mitarbeiter darauf hinzuweisen, dass sie Herrn Schulz nicht so behandeln dürfen. Der Personalchef erwidert, in der Branche herrsche nun mal ein etwas rauerer Ton, Betonbau sei kein Mädchenpensionat. Er habe nicht vor, seine Mitarbeiter zu erziehen. Hieraufhin schreibt Frau Müller der »Antidiskriminierungsstelle« und bittet diese darum, die Sache zu prüfen. Hiervon erfährt der Personalchef. Er ist extrem aufgebracht und hört noch am selben Tag den Betriebsrat zur fristlosen Kündigung der Frau Müller an. Das Vertrauensverhältnis sei nachhaltig gestört, weil Frau Müller »diese Gesinnungsprüfungsbehörde« eingeschaltet habe. Vier Tage später erhält Frau Müller die fristlose Kündigung.

Was kann Frau Müller tun?
Frau Müller kann im Rahmen einer Kündigungsschutzklage geltend machen, die Kündigung verstoße gegen das Maßregelungsverbot des § 16 AGG. Danach dürfen auch Personen, die Beschäftigte bei der Inanspruchnahme von Rechten nach dem AGG unterstützen, nicht wegen dieser Unterstützung benachteiligt werden. Die Vorschrift beruht auf Artikel 11 der Rahmenrichtlinie, diesem zufolge müssen die notwendigen Bestimmungen getroffen wer-

Beispiele zu Diskriminierungsmerkmalen und Tatbeständen

den, um Beschäftigte »vor Entlassungen oder anderen Benachteiligungen« zu schützen, die etwa als Reaktion auf die Einleitung eines Verfahrens zur Durchsetzung des Gleichbehandlungsgrundsatzes erfolgen. Kündigungen sind Entlassungen und folglich von § 16 AGG umfasst.

Frau Müller hat die Antidiskriminierungsstelle des Bundes (§§ 25 ff. AGG) angerufen. Dem Wortlaut des § 27 Absatz 1 nach war sie hierzu nicht berechtigt; nach § 27 kann sich an die Antidiskriminierungsstelle nur wenden, wer der Ansicht ist, selbst von einer Benachteiligung betroffen worden zu sein. Frau Müller durfte jedoch der Ansicht sein, sie müsse eine rechtswidrige Benachteiligung, die zu einer Gesundheitsbeeinträchtigung des Betroffenen führt, der zuständigen Behörde anzeigen dürfen. Sie hat demnach ein Verfahren zur Durchsetzung des Gleichbehandlungsgrundsatzes eingeleitet und darf hierfür gemäß § 16 AGG sowie Artikel 11 der Rahmenrichtlinie nicht durch eine Kündigung benachteiligt werden.

Was kann der Betriebsrat tun?
Der Arbeitgeber tut vorliegend nichts gegen die Belästigung des Herrn Schulz. Es handelt sich hier um eine Belästigung gemäß § 3 Absatz 3: Herr Schulz ist unerwünschten Verhaltensweisen ausgesetzt, die bewirken, dass seine Würde verletzt wird und die ein von Erniedrigungen gekennzeichnetes Umfeld schaffen. Diese Belästigung steht der Benachteiligung gleich.

Der Arbeitgeber muss deshalb gemäß § 12 die erforderlichen Maßnahmen zum Schutz des Beschäftigten treffen. Der Betriebsrat kann den Arbeitgeber überzeugen – notfalls gemäß § 17 Absatz 2 verpflichten –, zunächst geeignete Schulungen für alle Beschäftigten verpflichtend anzubieten.

Weiterhin sollte der Betriebsrat beim Arbeitgeber darauf drängen, den Tätern klar zu machen, dass ihr Verhalten ein Verstoß gegen ihre Vertragspflichten ist (§ 7 Absatz 3) und gemäß § 12 Absatz 3 zu arbeitsrechtlichen Maßnahmen bis hin zur Kündigung führen kann.

Hilft das alles nicht, kann der Betriebsrat als letztes Mittel gemäß § 104 BetrVG die Kündigung der Täter verlangen und notfalls durch das Arbeitsgericht durchsetzen lassen. Gleichzeitig sollte Herr Schulz darauf hingewiesen werden, dass er gemäß § 14 AGG das Recht hat, der Arbeit ohne Gehaltseinbuße fernzubleiben, solange die Belästigung anhält.

5. Beispielsfall: Diskriminierung bei Kündigung 3

Herr A ist als Sohn türkischer Eltern in der Bundesrepublik aufgewachsen. Er arbeitet in einem Unternehmen, das in Konkurrenz zur Post Briefe und andere Postsendungen ausliefert. Das Unternehmen erhält kurz vor der Bun-

Beispiele zu Diskriminierungsmerkmalen und Tatbeständen

destagswahl einen lukrativen Auftrag der NPD. Es soll bundesweit die Wahlwerbung der NPD an alle Haushalte verteilen. Der Chef mag keine Nazis, freut sich jedoch über den Großauftrag. Die Wahlwerbung enthält die üblichen rassistischen Sprüche, vor allem Türken werden abgewertet. Herr A fühlt sich hierdurch persönlich getroffen und erklärt, er werde sich in keiner Weise an der Auslieferung beteiligen. Er überzeugt auch etliche weitere Kollegen, beim Chef gegen den Auftrag zu protestieren. Aus Angst den Auftrag zu verlieren, will der Chef ein Exempel statuieren. Nachdem A wegen Leistungsverweigerung abgemahnt wurde, erhält er die fristlose Kündigung, nachdem er sich weiterhin weigert, das Material auszuliefern.

Was kann Herr A tun?

Der Fall ist an reale Fälle angelehnt, bei denen Mitarbeiter der Post sich weigerten, Nazimaterial auszuliefern.

Man könnte es sich hier einfach machen und vertreten, das AGG schütze keine bestimmten Meinungen. Ganz so einfach ist aber nicht, da die zugrunde liegende Antirassismusrichtlinie übergeordnete Werte konkretisiert. In der Richtlinie weist die Europäische Union darauf hin,

- das Europäische Parlament habe eine Reihe von Entschlüssen zur Bekämpfung des Rassismus angenommen;
- die Europäische Union weise alle Theorien, mit denen versucht werde, die Existenz menschlicher Rassen zu belegen, zurück;
- es sei wichtig, alle Personen gegen Diskriminierungen aus Gründen der Rasse oder ethnischen Herkunft zu schützen.

Weiterhin verweist die Richtlinie auf das internationale Übereinkommen zur Beseitigung jeder Form der Rassendiskriminierung, welches von allen Staaten verlangt, rassistische Organisationen zu verbieten.

Wer sich weigert, rassistisches Material zu drucken oder auszuliefern, folgt demnach nicht irgendeiner beliebigen Meinung. Rassismus entgegenzutreten, gehört zu den Grundüberzeugungen der Staatengemeinschaft. Mit der Antirassismusrichtlinie drückt die Europäische Union aus, dass die Tolerierung rassistischer Diskriminierung und Belästigung mit der Freiheit unvereinbar ist.

In diesem Rechtsrahmen hat Herr A das Recht – und wohl auch die Pflicht – seinen Teil zur Vermeidung rassistischer Propaganda beizutragen.

Rechtsdogmatisch ließe sich weiter argumentieren, die Kündigung benachteilige Herrn A wegen seiner Weltanschauung, sodass das AGG direkt anwendbar wäre. Zwar sind politische Meinungen grundsätzlich nicht vom Begriff der Weltanschauung erfasst. Die konsequente Ablehnung von Rassismus und Nationalsozialismus allerdings ist keine Meinung wie jede andere, sondern der in zahlreichen internationalen und europäischen Abkommen

Beispiele zu Diskriminierungsmerkmalen und Tatbeständen

festgeschriebene Wertekonsens der Staatengemeinschaft. Es ließe sich mithin mit guten Gründen vertreten, dass die Ablehnung von Rassismus und Nationalsozialismus eine geschützte Weltanschauung darstellt.[45]

Schließlich kann sich Herr A auch bislang schon auf den Schutz der Gewissensfreiheit berufen. Wer sich weigert, entgegen seinem Gewissen zu handeln, darf nicht hierfür bestraft werden. Diese Konstruktion hat aber die Schwäche, dass sie eine personenbedingte Kündigung des Herrn A erlauben würde, wenn andere Einsatzmöglichkeiten fehlen.

6. Beispielsfall: (Alters-)Diskriminierung bei Kündigung

Die Kaluppke-KG muss sich betriebsbedingt von 50 Mitarbeitern trennen. Gemeinsam mit dem Betriebsrat wird ein Punkteschema erstellt, mit dem die soziale Auswahl getroffen werden soll. Hier gibt es Punkte für das Lebensalter, die Betriebszugehörigkeit sowie Unterhaltspflichten gegenüber Kindern. Herr A ist 56 Jahre alt und seit 30 Jahren beschäftigt; ebenfalls seit 30 Jahren ist Herr B beschäftigt, der jedoch schon 61 Jahre alt ist. Aufgrund des vereinbarten Punkteschemas wird Herrn A gekündigt, Herr B behält seinen Job. Herr A ist der Ansicht, die vereinbarten Grundsätze der Sozialauswahl würden ihn allein wegen seines Lebensalters benachteiligen. Außerdem sei es ungerecht, dass er nun voraussichtlich bis zur Rente Sozialleistungen beziehen müsste, während B doch von der Arbeitslosigkeit direkt in die vorgezogene Rente wechseln könne.

Was kann Herr A tun?

Im Rahmen eines Kündigungsschutzverfahrens stellt sich die Frage, ob die soziale Auswahl ordnungsgemäß vorgenommen wurde. Herr A wird gekündigt, weil er jünger ist als Herr B. Er hat also wegen seines Alters eine weniger günstige Behandlung erfahren, wurde also wegen seines Alters benachteiligt. Bei der Benachteiligung wegen des Alters darf man nie vergessen, dass nicht nur die Benachteiligung wegen eines höheren Alters verboten ist. Es geht um die Berücksichtigung des Lebensalters an sich.

Der Gesetzgeber hat in § 10 AGG festgelegt, dass eine unterschiedliche Behandlung wegen des Alters zulässig ist, wenn sie objektiv und angemessen

---

45 Im Gegensatz zu diesen »Meinungen«, die tatsächlich ein Verbrechen darstellen, werden Meinungen nicht in internationalen Übereinkommen verurteilt. Die Vereinten Nationen äußern sich nicht zu Fragen wie »Soll man Fleisch essen?«, »Ist Sozialismus gut oder schlecht?« und ähnlichen Ansichtsfragen, bei denen vieles vertretbar ist, ohne sich von den Grundwerten der Menschheit zu verabschieden.

Beispiele zu Diskriminierungsmerkmalen und Tatbeständen

und durch ein legitimes Ziel gerechtfertigt ist. Es folgt dann eine beispielhafte Aufzählung (»insbesondere«) von Ungleichbehandlungen, die zulässig sind.

Dort ist in Ziffer 6 auch die Berücksichtigung des Alters bei der Sozialauswahl anlässlich einer Kündigung als ausnahmsweise zulässig aufgeführt.[46] Das Alter darf hiernach jedoch nur dann berücksichtigt werden, wenn ihm kein

»*genereller Vorrang vor anderen Auswahlkriterien zukommt, sondern die Besonderheiten des Einzelfalls und die individuellen Unterschiede zwischen den vergleichbaren Beschäftigten, insbesondere die Chancen auf dem Arbeitsmarkt entscheiden.*«

Was der Gesetzgeber hiermit sagen will, ist noch nicht umfassend ergründet.[47] Ein genereller Vorrang durfte dem Alter in der Sozialauswahl nach § 1 KSchG noch nie zukommen, es ist nur eines von mehreren Kriterien der Sozialauswahl. Dass der Gesetzgeber ausdrücken wollte, entgegen § 1 KSchG sollten nun immer die individuell betrachteten Chancen auf dem Arbeitmarkt entscheiden – losgelöst von den Kriterien Alter, Unterhaltspflichten und Betriebszugehörigkeit – ist wenig wahrscheinlich, auch wenn der Wortlaut dies nahe legt.

Im Ergebnis bleibt bis zur Klärung der Details durch das Bundesarbeitsgericht festzuhalten, dass eine »starre« Berücksichtigung des Alters im Rahmen von Punkteschemata und Namenslisten[48] nicht mehr zulässig ist. Es muss vielmehr Raum dafür verbleiben, die individuellen Unterschiede zwischen den Beschäftigten mit einzubeziehen.

In dem gewählten Beispielsfall führt dies nicht zu Rechtssicherheit. Man kann es als Benachteiligung des Herrn B wegen seines Alters auffassen, wenn dieser mit 61 Jahren auf Arbeitslosigkeit und Rente verwiesen wird. Würde man vertreten, die zeitnahe Möglichkeit des Rentenbezugs mindere die soziale Schutzbedürftigkeit, müssten häufig die ältesten Beschäftigten zuerst gekündigt werden.

Gleichzeitig spricht bei der nun geforderten individuellen Betrachtung vieles dafür, dass der jüngere Herr A durch die Kündigung härter getroffen wird als Herr B. Während Herr B sozial abgesichert ist, müsste Herr A angesichts der schlechten Chancen von 56-jährigen auf dem Arbeitsmarkt

---

46 Der Gesetzgeber nimmt den Ausschluss von Kündigungen aus dem Anwendungsbereich des AGG selbst nicht ernst, anderenfalls müsste er keine Ausnahmen vom Benachteiligungsverbot bei Kündigungen regeln.
47 Vgl. zur Problematik Bayreuther, Der Betrieb 2006, 1842.
48 Die Beteiligung an Namenslisten im Sinne des § 1 Absatz 5 KSchG sollte der Betriebsrat ohnehin unterlassen. Er handelt hiermit gegen die Beschäftigten, denen die Überprüfung einer Kündigung ganz erheblich erschwert wird.

Beispiele zu Diskriminierungsmerkmalen und Tatbeständen

vermutlich mit dem Bezug von Arbeitslosengeld II klarkommen und könnte später noch Nachteile bei der Rentenhöhe erleiden.

Vorliegend ließ das Punkteschema keinen Raum für die Berücksichtigung der Besonderheiten des Einzelfalls, sodass die soziale Auswahl fehlerhaft war.[49] Dementsprechend wäre der Kündigungsschutzklage stattzugeben.

Ließe das Punkteschema Raum für die Berücksichtigung der individuellen Unterschiede, könnte die Kündigung sowohl Herrn A als auch Herrn B treffen, je nachdem wie die Unterschiede gewichtet werden. Beide könnten mit guter Aussicht auf Erfolg Kündigungsschutzklage erheben, da derzeit völlig offen ist, wie § 10 Ziffer 6 durch die Arbeitsgerichte ausgelegt werden wird.

Was kann der Betriebsrat tun?

Inwieweit ein Betriebsrat sich überhaupt an der Auswahl der zu kündigenden Kollegen beteiligen sollte, ist Geschmackssache.

Tut er dies, muss er nun darauf achten, dass das Alter nicht als »starres« Kriterium verwendet wird, sondern dass in jedem Einzelfall die individuellen Unterschiede und Chancen auf dem Arbeitsmarkt ermittelt und berücksichtigt werden.

In der Praxis dürfte es derzeit sinnvoller sein, den Arbeitgeber in Zweifelsfällen auf die derzeit unsichere Rechtslage hinzuweisen und mit diesem Argument eine Beendigung des Arbeitsverhältnisses gegen eine angemessene Abfindung zu erreichen.

7. Beispielsfall: Altersdiskriminierung bei Vertragsbeendigung

Frau F arbeitet seit 30 Jahren im Betrieb. In ihrem Arbeitsvertrag ist festgelegt, dass das Arbeitsverhältnis bei Erreichen des Rentenalters automatisch endet. Als sie 65 wird, fragt sie der Chef, ob sie besondere Wünsche für ihre Pensionierungsfeier habe. Frau F erwidert, sie denke gar nicht ans Aufhören. Sie fühle sich fit und wolle nicht zu Hause sitzen. Die Klausel im Arbeitsvertrag sei eine unzulässige Diskriminierung wegen ihres Alters.

Was kann Frau F tun?

Frau F will geltend machen, ihr Arbeitsverhältnis könne durch die Klausel in ihrem Arbeitsvertrag nicht enden, da diese Klausel sie wegen des Erreichens eines bestimmten Alters benachteilige. Hiermit wird sie keinen Erfolg haben.

---

49 Es wäre wünschenswert gewesen, den Gedanken des § 10 Ziffer 6 in § 1 KSchG zu regeln, da es sich letztlich um eine Bestimmung zur Sozialauswahl handelt.

Beispiele zu Diskriminierungsmerkmalen und Tatbeständen

Zwar ist die automatische Beendigung des Arbeitsverhältnisses eine Benachteiligung wegen des Alters. Diese lässt sich jedoch derzeit mit einem legitimen Ziel rechtfertigen. Vor allem beschäftigungspolitische Zielsetzungen können nach der Rahmenrichtlinie eine Ungleichbehandlung wegen des Alters rechtfertigen. Bei anhaltend hoher Arbeitslosigkeit ist es ein legitimes Ziel, Arbeitsplätze freizumachen, wenn die Beschäftigten das Rentenalter erreichen.

In § 10 Ziffer 5 ist deshalb eine derartige automatische Beendigung als legitime Ungleichbehandlung wegen des Alters aufgeführt.

Frau F kann danach keinen Erfolg haben.

Fraglich könnte sein, ob der Arbeitgeber im Einzelfall darlegen muss, dass die Maßnahme auch tatsächlich dem beschäftigungspolitischen Ziel dient. Wird der Arbeitsplatz nicht neu besetzt, hat die Beendigung wegen des Rentenalters keinen beschäftigungspolitischen Wert. Auch hier wird in den nächsten Jahren beobachtet werden müssen, wie die Arbeitsgerichte die Ausnahmevorschrift auslegen.

Abwandlung:

Im Arbeitsvertrag ist geregelt, dass das Arbeitsverhältnis mit dem Erreichen des 65ten Lebensjahres automatisch endet. Während des Arbeitsverhältnisses erhöht der Gesetzgeber das Renteneintrittsalter, zuerst auf 67, dann auf 70 Jahre.

Hier wird sich die Klausel automatisch anpassen müssen, da die Vertragsparteien bei Vertragsabschluss erkennbar von einem falschen Renteneintrittsalter ausgegangen waren und nicht regeln wollten, dass das Arbeitsverhältnis bereits vor der Rente endet.

8. Beispielsfall: Verweigerung der Vertragsverlängerung aus nur angenommenen Gründen

Frau Y stammt aus dem Iran. Sie ist überzeugte Kommunistin und hält Religionen aller Art für Aberglauben. Seit fast zwei Jahren unterrichtet sie in einem Institut für Erwachsenenbildung. Dies geschieht auf der Basis eines für zwei Jahre befristeten Arbeitsvertrages. Bereits nach dem ersten Jahr der Beschäftigung war für Frau Y sowie für das Institut klar, dass nach Auslaufen der Befristung ein unbefristeter Arbeitsvertrag geschlossen werden soll.

Kurz vor dem Ablauf der Befristung geht Frau Y zum Friseur, wo es zur Katastrophe kommt. Sie findet ihre Frisur grauenhaft und traut sich damit

Beispiele zu Diskriminierungsmerkmalen und Tatbeständen

nicht aus dem Haus. Nach längerem Überlegen entscheidet sie sich, auf dem Weg zum nächsten Friseur ein Kopftuch umzubinden, um ihre verunglückte Frisur zu bedecken. Auf der Straße trifft sie den Leiter des Instituts. Dieser hat (ebenso wie Frau Y) große Abneigung gegen Kopftuch tragende muslimische Frauen. Er ist der Ansicht, Frau Y trage das Kopftuch, weil sie Muslimin sei und verlängert deswegen den Vertrag nicht.

Was kann Frau Y tun?

Frau Y ist benachteiligt worden, weil der Arbeitgeber meint, sie trage aus religiösen Gründen ein Kopftuch. Nach § 7 Absatz 1 darf auch dann wegen eines der dort genannten Gründe nicht benachteiligt werden, wenn derjenige, der die Benachteiligung begeht, das Vorliegen des Grundes nur annimmt.

Weder ist Frau Y Muslimin noch trägt sie aus diesem Grund ihr Kopftuch. Der Institutsleiter nimmt also das Vorliegen einer bestimmten Religionszugehörigkeit bei ihr nur fälschlich an. Frau Y wurde demnach »wegen« der Religion benachteiligt.

Dies war unzulässig. Bei der Erwachsenenbildung stellt die Religion eines Beschäftigten keine wesentliche und entscheidende berufliche Anforderung nach § 8 dar.

Frau Y kann zunächst Entschädigung und Schadensersatz nach § 15 geltend machen. Schadensersatz kann sie verlangen, da das Institut die Benachteiligung zu vertreten hat. Dies folgt schon daraus, dass der Institutsleiter nicht das Gespräch mit ihr gesucht hat, um zu klären, ob seine Annahme zutrifft.

Bei der Entschädigung sollte bei nur angenommenen Merkmalen Zurückhaltung herrschen. Wer wegen seiner Religion, seiner Herkunft usf. benachteiligt wird, wird hierdurch als Mensch herabgesetzt und erleidet hierdurch einen immateriellen Schaden, der durch die Entschädigung ausgeglichen werden soll. Wird jedoch das Merkmal nur fälschlich angenommen, kommt es nicht zu dieser Art der Herabsetzung der Person.

Schließlich kann Frau Y auch den Abschluss des zugesagten unbefristeten Arbeitsvertrages verlangen. Nach § 15 Absatz 6 begründet der Verstoß gegen das Benachteiligungsverbot allein zwar keinen Anspruch auf Begründung eines Beschäftigungsverhältnisses. Dieselbe Vorschrift stellt jedoch auch klar, dass dies nicht gilt, wenn sich der Anspruch aus einem anderen Rechtsgrund ergibt. Nach allgemeinen arbeitsrechtlichen Grundsätzen kann auch die Nichtverlängerung eines befristeten Arbeitsvertrages daraufhin überprüft werden, ob sie willkürlich oder sachwidrig (etwa wegen Schwangerschaft) unterbleibt. Vorliegend war der Bruch der Verlängerungszusage willkürlich, sodass Frau Y auch Anspruch auf Abschluss des Arbeitsvertrages hat.

IV. Maßregelung

1. Beispielsfall: Maßregelung 1

Frau A arbeitet als Vermittlerin in einer privaten Arbeitsvermittlungsagentur. Gelegentlich gehen dort Bewerberwünsche von Unternehmen ein, die dem AGG widersprechen. So werden etwa nur Männer für Tätigkeiten gesucht, die auch Frauen ausführen können, oder es werden »deutsche Bewerber« gesucht. In derartigen Fällen weist Frau A die Unternehmen höflich darauf hin, sie könne diese Wünsche nicht berücksichtigen. Weiterhin gerät Frau A in Streit mit anderen Arbeitsvermittlern, die derartiges umstandslos berücksichtigen. Der Geschäftsführer wird von Kunden darauf angesprochen, dass Frau A entgegen ihren Wünschen bestimmte Anforderungen nicht berücksichtigt. Hieraufhin wird Frau A angewiesen, zukünftig allen Anforderungsprofilen der Kunden nachzukommen.

Eine Woche später erhält sie wieder ein Schreiben, in dem ein »deutscher Elektriker« gesucht wird. Sie erzählt einem spanischen arbeitslosen Elektriker, sie hätte eine Stelle, dürfte ihn jedoch wegen seiner Herkunft nicht vermitteln. Hieraufhin wird die Vermittlungsagentur von dem Spanier erfolgreich auf Entschädigung und Schadensersatz verklagt. Frau A tritt vor Gericht als Zeugin auf und bestätigt, sie habe ihren Chef bereits auf die Rechtswidrigkeit dieser Praxis hingewiesen. Eine Woche später erhält sie ein Schreiben, mit dem das Arbeitsverhältnis »aus betriebsbedingten Gründen« gekündigt wird.

Was kann Frau A tun?

Frau A hat sich rechtmäßig verhalten. Der Vermittlungsagentur ist es nicht erlaubt, ethnisch benachteiligende Stellenvermittlungsangebote wie gewünscht auszuführen, da sie hierdurch selbst die Bewerber entgegen § 7 AGG benachteiligen würde. Die Anweisung des Geschäftsführers, künftig derartigen Wünschen Folge zu leisten, durfte und musste sie nicht befolgen. Wegen ihrer Weigerung, die dem AGG widersprechende Weisung auszuführen, darf sie gemäß § 16 nicht benachteiligt werden. Dasselbe gilt entsprechend § 16 für ihre Zeugenaussage sowie für die Unterstützung, die sie dem

Beispiele zu Diskriminierungsmerkmalen und Tatbeständen

spanischen Bewerber bei der Geltendmachung seiner Rechte aus dem AGG gewährt hat.

Die zeitliche Nähe der »betriebsbedingten« Kündigung zu dem Konflikt lässt vermuten, dass die Kündigung tatsächlich eine unzulässige Maßregelung darstellt. Nach § 16 Absatz 3 gilt die Beweiserleichterung des § 22 auch für die Maßregelung.

Der Arbeitgeber wird also beweisen müssen, dass die Kündigung völlig unabhängig von dem Konflikt ohnehin ausgesprochen worden wäre.

2. Beispielsfall: Maßregelung 2

Frau M ist mit einem auf zwei Jahre befristeten Arbeitsvertrag beschäftigt. Nach einem Jahr erhält sie eine Gehaltserhöhung »zum Dank für herausragende Leistungen«. In einem sieben Monate vor dem Auslaufen der Befristung gefertigten Stellenplan ist sie für die Leitung eines Projekts in den nächsten drei Jahren vorgesehen. Der Chef hatte sie bereits nach dem ersten Jahr gefragt, ob sie auch nach den zwei Jahren weiter arbeiten würde, was Frau M bejahte.

Im zweiten Jahr der Beschäftigung ist Frau M andauernder sexueller Belästigung durch einen Kollegen ausgesetzt. Sie erklärt deshalb, sie werde nicht mehr zur Arbeit erscheinen, solange sie mit ihm zusammen arbeiten müsse. Erst hieraufhin versetzt der Chef den Mitarbeiter in eine andere Abteilung.

Zwei Wochen vor Auslaufen der Befristung fragt Frau M nach, wann man den neuen Arbeitsvertrag schließen wolle. Ihr Chef entgegnet, es gäbe keinen neuen Arbeitsvertrag, da man unzuverlässige Mitarbeiter nicht brauche.

Was kann Frau M tun?

Frau M kann darlegen, dass eine Verlängerung des befristeten Vertrags fest eingeplant war. Das änderte sich dann, als sie sich weigerte, sich weiterhin der sexuellen Belästigung auszusetzen. Mit dieser Weigerung hat sie ihr Leistungsverweigerungsrecht nach § 14 ausgeübt und damit ein Recht nach dem AGG in Anspruch genommen. Nach § 16 darf sie hierdurch keine Nachteile erleiden.

Die Nichtverlängerung ihres Vertrags stellt gegenüber der Verlängerung eine weniger günstige Behandlung dar, ist also eine Benachteiligung.

Zwar regelt § 15 Absatz 6, dass ein Verstoß gegen das Benachteiligungsverbot keinen Anspruch auf Begründung eines Beschäftigungsverhältnisses auslösen kann. Hier hat der Gesetzgeber jedoch nur an die erstmalige Be-

Beispiele zu Diskriminierungsmerkmalen und Tatbeständen

gründung eines Arbeitsverhältnisses gedacht. Nach Artikel 11 der Rahmenrichtlinie sind Beschäftigte bei der Maßregelung ausdrücklich vor Entlassung zu schützen. Nach der Rechtsprechung des Europäischen Gerichtshofs führt eine diskriminierende Nichtverlängerung zum Anspruch auf Weiterbeschäftigung.[50]

Frau M hat demnach sowohl einen Anspruch auf Abschluss des Arbeitsvertrages wie auch einen Entschädigungsanspruch nach § 15 Absatz 2.

---

50 Vgl. Nollert-Borasio/Perreng, AGG § 2 Rn 1.

V. Unterlassen notwendiger Maßnahmen

1. Beispielsfall: Maßnahmen bei sexueller Belästigung

Frau B ist Auszubildende in einem Betrieb. Sie stört sich daran, dass ihr Ausbildungsleiter ihr ständig bei Besprechungen die Hand auf die Schulter legt und ihren Rücken tätschelt. Auch hat sie ihm auf seine Fragen bereits mehrfach erklärt, dass sie nicht nach der Arbeit »noch einen Drink« mit ihm nehmen wolle. Frau B traut sich aus Sorge um den Ausbildungsplatz nicht, den Ausbildungsleiter zurecht zu weisen. Stattdessen spricht sie die Personalleiterin an. Um den Ausbildungsleiter nicht direkt zu konfrontieren, schickt die Personalleiterin alle mit der Ausbildung beschäftigten Mitarbeiter – auch den Ausbildungsleiter der B – auf eine Schulung »Sexuelle Belästigung erkennen und vermeiden«. Eine Woche später macht Frau B die Personalleiterin darauf aufmerksam, dass sich das Verhalten ihr gegenüber nicht geändert hat. Die Personalleiterin eröffnet ihr, der Ausbildungsleiter »sei halt so«, da könne man offensichtlich nichts machen. Frau B möge sich an sie wenden, falls es schlimmer werde und ansonsten daran denken, dass das Berufsleben später auch nicht immer einfach sein werde.

Was kann Frau B tun?
Vorliegend ergreift der Arbeitgeber offensichtlich ungeeignete Maßnahmen zur Unterbindung einer sexuellen Belästigung. Frau B hat danach gemäß § 14 das Recht, der Arbeit ohne Verlust des Entgelts fern zu bleiben. Helfen tut ihr dies nicht. Sie ist nicht hauptsächlich zum Geldverdienen im Betrieb, sondern um erfolgreich eine Ausbildung zu absolvieren. Hierzu muss sie anwesend sein.

Weiterhin hat Frau B das Recht, sich bei den zuständigen Stellen im Betrieb zu beschweren. Auch dies hilft ihr nicht, denn sie hat es bereits erfolglos versucht.

Der Gesetzgeber hat es versäumt, in den zweiten Abschnitt des AGG, der die Beschäftigung regelt, einen Unterlassungs- und Beseitigungsanspruch einzufügen. Im allgemeinen Zivilrecht können die Betroffenen gemäß § 21 AGG die Beseitigung der Beeinträchtigung sowie Unterlassung verlangen.

Beispiele zu Diskriminierungsmerkmalen und Tatbeständen

Im Arbeitsrecht werden die Beschäftigten auf Schadensersatz- und Entschädigungsansprüche verwiesen. Dies kann nun aber nicht dazu führen, dass Frau B entweder die sexuelle Belästigung hinnehmen oder die Ausbildung abbrechen muss. Frau B soll durch das AGG geschützt sein, die in § 12 niedergelegten Pflichten des Arbeitgebers dienen ihrem Schutz vor Benachteiligungen.

Da dieser Schutz auf europäischem Recht beruht, müssen die Arbeitsgerichte das Recht so auslegen und anwenden, dass der Schutz vor sexueller Belästigung möglichst effektiv gewährleistet ist. Der Ausbildungsleiter verstößt gegen § 12 Absatz 3, der Arbeitgeber muss also geeignete Maßnahmen wie Abmahnung, Versetzung, Umsetzung oder Kündigung gegen ihn ergreifen, um Frau B zu schützen. Da der Arbeitgeber stattdessen gar nichts tut, ist er im Verzug mit Maßnahmen, die dem Schutz der Frau B dienen.

Sie kann deshalb beim Arbeitsgericht im Wege einstweiligen Rechtsschutzes beantragen, dem Arbeitgeber unverzüglich die Vornahme einer erforderlichen Maßnahme aufzuerlegen.

Was kann der Betriebsrat tun?

Der Betriebsrat sollte gemäß § 17 AGG den Arbeitgeber durch das Arbeitsgericht verpflichten lassen, eine der in § 12 Absatz 3 genannten Maßnahmen gegen den Ausbildungsleiter zu ergreifen. Da der Arbeitgeber statt der erforderlichen Maßnahmen schlicht gar keine Maßnahmen ergreift, liegt ein grober Verstoß gegen das AGG vor.

Die gesetzliche Vermutung, die Durchführung von Schulungen stelle die »erforderliche Maßnahme« dar, bezieht sich nur auf die Prävention. Liegen jedoch Verstöße gegen das Benachteiligungsverbot durch einzelne Beschäftigte vor, muss hierauf konkret reagiert werden.

Neben dem Klagerecht aus dem AGG kann der Betriebsrat auch über § 104 BetrVG die Entlassung oder Versetzung des Ausbildungsleiters erreichen.

2. Beispielsfall: Maßnahmen bei Belästigung des Beschäftigten einer Drittfirma

Die X-AG hat ihren Kantinenbetrieb auf eine Drittfirma verlagert. Diese betreibt in Eigenregie die Kantine auf dem Gelände der X-AG. Die Drittfirma hat keinen Betriebsrat. Bei der Drittfirma ist Herr A aus Ghana angestellt. Er ist zuständig für die Bedienung. Während der Essensausgabe wird Herr A häufig mit Äußerungen wie »da kommt ja unser Bimbo«, »bring mal Kaffee Neger« und Ähnlichem konfrontiert. Herr A wendet sich deswegen an seinen Chef, weil er dies für unerträglich hält. Dem Chef ist ein gutes Klima zur X-AG wichtiger als Herr A, er tut deshalb nichts. Herr A erklärt daraufhin gegenüber seinem Chef, dass er dann nicht mehr zur Arbeit gehen werde. Gleichzeitig bittet er den Betriebsrat der X-AG, etwas für ihn zu tun.

Was kann Herr A tun?

Herr A wird durch Beschäftigte der X-AG durch rassistische Bemerkungen im Sinne des § 3 Absatz 3 benachteiligt, da die Belästigungen ein Ausmaß erreichen, das seine Würde verletzt, und ein von Entwürdigungen gekennzeichnetes Umfeld geschaffen wird. Herr A hat deshalb gemäß § 14 das Recht, der Arbeit fernzubleiben und muss dennoch durch die Drittfirma weiter vergütet werden. Dass die Täter nicht bei der Drittfirma beschäftigt sind, spielt keine Rolle. Diese muss nämlich Herrn A gemäß § 12 Absatz 4 auch vor Benachteiligungen durch Dritte schützen.

Was kann der Betriebsrat tun?

Der Betriebsrat der X-AG darf hier nicht etwa tatenlos zusehen, weil Herr A formell nicht bei der X-AG beschäftigt ist. Dies ergibt sich bereits aus § 75 BetrVG. Der Betriebsrat muss darüber wachen, dass alle im Betrieb tätigen Personen korrekt behandelt werden und jede Ungleichbehandlung wegen der »Rasse« unterbleibt. Zu den im Betrieb tätigen Personen zählt auch Herr A, da die Kantine mit dem Betrieb untrennbar zusammen gehört.

Einfach wäre es, wenn A Leiharbeitnehmer wäre. Nach § 6 Absatz 2 treffen den Entleihbetrieb gegenüber Leiharbeitnehmern dieselben Schutzpflichten wie für die eigenen Beschäftigten. Vorliegend betreibt die Drittfirma die Kantine jedoch in Eigenregie.

Dennoch ist festzuhalten, dass Beschäftigte der X-AG gegenüber Herrn A gegen das Benachteiligungsverbot verstoßen. Dies ist eine rechtswidrige Benachteiligung, auch wenn der Geschädigte nicht bei der X-AG angestellt ist. Da seine Beschäftigten gegen das Benachteiligungsverbot verstoßen, muss der Arbeitgeber gemäß § 12 Absatz 3 geeignete Maßnahmen treffen, um dies zu unterbinden.

Hierauf sollte der Betriebsrat den Arbeitgeber im Sinne des § 75 BetrVG hinweisen. Führt dies zu nichts, kann der Betriebsrat nach § 17 Absatz 2 mittels des Klagerechts vorgehen.

VI. Unterlassen angemessener Vorkehrungen

1. Beispielsfall: Angemessene Vorkehrungen bei Behinderung

Herr A arbeitet seit 20 Jahren im Lager des Betriebs. In den letzten Jahren hat sich bei ihm ein schweres Rückenleiden entwickelt. Herr A muss deshalb nicht mehr tragen, sondern nur noch Gabelstapler fahren. Als sich sein Leiden verschlimmert, geht auch dies nicht mehr schmerzfrei. Herr A beantragt die Anerkennung des Rückenleidens als Schwerbehinderung; ihm wird jedoch nur ein Grad der Behinderung von 40 zuerkannt. Eine Gleichstellung lehnt die Behörde ab.

Herr A legt dem Betrieb ein ärztliches Attest vor, aus dem sich Folgendes ergibt: Damit er weiterhin seinen Beruf als Gabelstaplerfahrer ausüben kann, muss der von ihm benutzte Gabelstapler mit einem speziellen rückenfreundlichen Sitz ausgerüstet werden. Andererseits bestünde die Gefahr, dass Herr A durch eine Verschlimmerung des Leidens gänzlich erwerbsunfähig würde.

Abgesehen von der Stelle als Staplerfahrer hat der Betrieb keinen Arbeitsplatz für Herrn A. Der nötige Spezialsitz kostet € 15 000,–. Der Betrieb beschäftigt ca. 1000 Beschäftigte und erwirtschaftet einen durchschnittlichen Jahresgewinn von € 25 Millionen. Der Personalleiter eröffnet Herrn A, wenn er für die Arbeit zu krank sei, werde man sich wohl trennen müssen. Er könne nicht erwarten, dass der Betrieb für ihn Unsummen ausgebe, immerhin gäbe es ausreichend Staplerfahrer, die eine Stelle suchen.

Was kann Herr A tun?

Herr A hätte kein Problem, wenn ihm statt der zuerkannten 40 ein Grad der Behinderung von 50 zuerkannt worden wäre. Dann wäre er schwerbehindert im Sinne des bisherigen deutschen Rechts, und den Arbeitgeber würden nach dem SGB IX zahlreiche Pflichten treffen, um den Arbeitsplatz zu erhalten. Hierzu würde auch die Anschaffung des Spezialsitzes gehören, zu der der Arbeitgeber auch einen Zuschuss durch das zuständige Integrationsamt erhalten könnte.

Beispiele zu Diskriminierungsmerkmalen und Tatbeständen

Herr A ist nicht schwerbehindert, sondern »nur« behindert. Das SGB IX gilt für ihn nicht, wohl aber das Benachteiligungsverbot des AGG, denn dieses bezieht sich auf die Behinderung an sich.[51]

Im AGG wurden keine Verpflichtungen zu »angemessenen Vorkehrungen« zum Schutze Behinderter festgeschrieben, deren Behinderung nicht das Ausmaß der Schwerbehinderung erreicht.

Derartige Verpflichtungen jedoch finden sich in der Rahmenrichtlinie. Diese sind auch hinreichend konkret in der Richtlinie beschrieben, sodass die Richtlinie hier direkt anzuwenden ist.[52] Nach Artikel 5 der Richtlinie muss der Arbeitgeber die im konkreten Fall erforderlichen Maßnahmen ergreifen, um Menschen mit Behinderung die Ausübung des Berufs zu ermöglichen. Dies gilt nur dann nicht, wenn die Maßnahme den Arbeitgeber unverhältnismäßig belasten würde.

Die Richtlinie gibt in ihrem Erwägungsgrund Nr. 21 auch Hinweise zur Prüfung dieser Verhältnismäßigkeit: Insbesondere sollte hierbei einbezogen werden, welchen Gesamtumsatz und welche finanziellen Ressourcen das Unternehmen aufweist. Es ist also nicht auf die Verhältnismäßigkeit in Bezug auf den einzelnen Arbeitsplatz, sondern auf die finanzielle Leistungsfähigkeit des Unternehmens abzustellen.

Angesichts der Finanzkraft des Unternehmens kann sich dieses nicht darauf berufen, die Anschaffung des Sitzes würde es unverhältnismäßig belasten. Herr A hat demnach einen Anspruch darauf, dass ihm der Sitz zur Verfügung gestellt wird.

Verschlimmert sich die Erkrankung des A dadurch, dass dies nicht geschieht, kann er Schadensersatz- und Entschädigungsansprüche geltend machen, da ihm angemessene Vorkehrungen in rechtswidriger Weise versagt wurden.

Gegen eine krankheitsbedingte Kündigung kann A einwenden, dies sei in Wirklichkeit eine Kündigung wegen seiner Behinderung. Die Kündigung wäre unwirksam, da sie durch zumutbare Maßnahmen (Anschaffung des Sitzes) leicht vermieden werden kann.

Was kann der Betriebsrat tun?

Der Betriebsrat hat nach § 75 BetrVG darüber zu wachen, dass jede Ungleichbehandlung wegen einer Behinderung unterbleibt. Nach § 80 Absatz 1 Ziffer 4 BetrVG hat er die Eingliederung besonders schutzbedürftiger Personen zu fördern.

---

51 Zum Verhältnis der Gesetze zueinander Düwell, Der Betrieb 2006, 1741.
52 Im Ergebnis ebenso Nollert-Borasio/Perreng, AGG § 1 Rn 25.

Beispiele zu Diskriminierungsmerkmalen und Tatbeständen

Zu diesem Zweck kann er Herrn A auf seine Ansprüche hinweisen und auf den Arbeitgeber dahin gehend einwirken, dass dieser den Spezialsitz zur Verfügung stellt.

Verstößt der Arbeitgeber weiterhin gegen seine Pflichten, indem er sich weiterhin weigert, dies zu tun, liegt ein grober Verstoß gegen das AGG vor. Der Betriebsrat könnte demnach mittels des Klagerechts aus § 17 Absatz 2 den Arbeitgeber durch das Arbeitsgericht verpflichten lassen, die Handlung vorzunehmen. Hier ergibt sich dann allerdings die Frage, ob damit nicht in unzulässiger Weise ein Anspruch des benachteiligten Herrn A geltend gemacht werden würde.

Dies wird man verneinen können, so dass das Klagerecht besteht. Das Verbot der Geltendmachung individueller Ansprüche der Beschäftigten im letzten Satz des § 17 bezieht sich auf die Ansprüche auf Schadensersatz und Entschädigung, nicht auf weitere Ansprüche. Jeder Beschäftigte hat einen individuellen Rechtsanspruch auf eine rechtmäßige Behandlung, vor allem also darauf, dass keine Benachteiligungen vorkommen und der Arbeitgeber seine Pflichten einhält. Würde also jeder Anspruch durch den Betriebsrat nicht geltend gemacht werden dürfen, der dem Schutz der einzelnen Beschäftigten dient, bliebe von dem Klagerecht des § 17 nichts übrig. Da der Betriebsrat mit der Ausübung des Klagerechts entsprechend der Überschrift des § 17 seine soziale Verantwortung wahrnimmt, dürfen an die Voraussetzungen dieses Rechts keine zu hohen Anforderungen gestellt werden.

VII. Zukunftsmusik – Zweifelsfragen zum Weiterdenken

Der internationale Diskriminierungsschutz ist durchaus dynamisch. Was vor einem Jahrzehnt noch als rechtmäßig galt, kann heute als benachteiligend und rechtswidrig erkannt sein. Im Folgenden soll anhand einiger Beispiele aufgezeigt werden, wohin die Reise gehen kann und worüber zukünftig nachgedacht werden sollte. Teils sind die Beispiele frei erfunden; teils stammen sie auch aus Ländern mit entwickelterem Diskriminierungsschutz. Der Verfasser will hier keine Lösungen anbieten, sondern zum Weiterdenken anregen.

1. Beispielsfall: Diskriminierung durch Anwesenheitspflicht?

Frau A arbeitet als Softwareentwicklerin. Ihr Job erfordert die Anwesenheit im Betrieb nicht zwingend; auch wenn sie dort ist, wird die Kommunikation nahezu ausschließlich elektronisch abgewickelt. Als sie ein Kind bekommt, fordert sie, von der Pflicht zur Anwesenheit im Betrieb entbunden zu werden. Sie kann darlegen, sie könne im Ergebnis ebenso produktiv von zu Hause aus arbeiten. Frau A macht geltend, die Anwesenheitspflicht im Betrieb orientiere sich am Modell des Mannes, der keine familiären Verpflichtungen habe und benachteilige Frauen zumindest mittelbar. Ihr werde nur die Möglichkeit gelassen, kinderlos zu bleiben oder aber mit der Berufstätigkeit auszusetzen und hierdurch Qualifikationen zu verlieren. Frau A beantragt deshalb beim Arbeitsgericht, den Arbeitgeber zu verpflichten, sie bei gleich bleibenden Bezügen von zu Hause aus arbeiten zu lassen.
Zu Recht?

Beispiele zu Diskriminierungsmerkmalen und Tatbeständen

2. Beispielsfall: Diskriminierung durch das Zugrundelegen nationalen Unterhaltsrechts?

Im Betrieb der X-AG steht eine betriebsbedingte Massenentlassung an. Arbeitgeber und Betriebsrat einigen sich auf ein Punkteschema zur sozialen Auswahl. Hiernach würde auch Herr D aus dem Kongo betroffen sein, weil er weder eigene Kinder noch eine Ehefrau hat.

Herr D wendet ein, es könne nicht nur die Unterhaltsverpflichtung nach deutschem Recht berücksichtigt werden. Er kann nachweisen, dass er monatlich die Hälfte seines Gehalts an seine Schwester schickt, die im Kongo lebt, um deren Kindern Schulbesuch und medizinische Versorgung zu sichern. Er kann weiter nachweisen, dass dieses Verhalten in seiner Volksgruppe als zwingend einzuhaltende moralische Verpflichtung gilt, auch wenn es keine gesetzlich vorgeschriebene Unterhaltsverpflichtung für die Kinder der Schwester gibt. Herr D meint, auch seine so begründeten Unterhaltspflichten müssten bei der Sozialauswahl berücksichtigt werden.

Zu Recht?

3. Beispielsfall: Diskriminierung durch unterschiedliche Löhne?

Ein Tarifvertrag regelt, dass »gering qualifizierte« Tätigkeiten mit 6 Euro pro Stunde vergütet werden. »Durchschnittlich qualifizierte« Tätigkeiten hingegen werden mit 7 Euro vergütet. Die Protokollnotiz hält hierzu fest, dass mit »gering qualifiziert« vornehmlich gewerbliche Hilfstätigkeiten gemeint sind, während »durchschnittlich qualifiziert« einfache Büro-Hilfstätigkeiten umschreibt. In der Praxis stellt sich heraus, dass überwiegend Personen mit Migrationshintergrund angesichts fehlender Deutschkenntnisse die gewerblichen Hilfstätigkeiten verrichten, während die Büro-Hilfstätigkeiten überwiegend von schlecht qualifizierten Deutschen verrichtet werden.

Im Ergebnis lässt sich nachweisen, dass in der Branche Beschäftigte mit Migrationshintergrund für dieselbe Arbeitszeit durchschnittlich weniger Geld erhalten als deutsche Beschäftigte.

Sind die Regelungen des Tarifvertrags wirksam?

Anhang I
Allgemeines
Gleichbehandlungsgesetz (AGG)

vom 14. August 2006 (BGBl. I S. 1897)

Abschnitt 1
Allgemeiner Teil

§ 1
Ziel des Gesetzes

Ziel des Gesetzes ist, Benachteiligungen aus Gründen der Rasse oder wegen der ethnischen Herkunft, des Geschlechts, der Religion oder Weltanschauung, einer Behinderung, des Alters oder der sexuellen Identität zu verhindern oder zu beseitigen.

§ 2
Anwendungsbereich

(1) Benachteiligungen aus einem in § 1 genannten Grund sind nach Maßgabe dieses Gesetzes unzulässig in Bezug auf:
1. die Bedingungen, einschließlich Auswahlkriterien und Einstellungsbedingungen, für den Zugang zu unselbstständiger und selbstständiger Erwerbstätigkeit, unabhängig von Tätigkeitsfeld und beruflicher Position, sowie für den beruflichen Aufstieg,
2. die Beschäftigungs- und Arbeitsbedingungen einschließlich Arbeitsentgelt und Entlassungsbedingungen, insbesondere in individual- und kollektivrechtlichen Vereinbarungen und Maßnahmen bei der Durchführung und Beendigung eines Beschäftigungsverhältnisses sowie beim beruflichen Aufstieg,
3. den Zugang zu allen Formen und allen Ebenen der Berufsberatung, der Berufsbildung einschließlich der Berufsausbildung, der beruflichen Weiterbildung und der Umschulung sowie der praktischen Berufserfahrung,

4. die Mitgliedschaft und Mitwirkung in einer Beschäftigten- oder Arbeitgebervereinigung oder einer Vereinigung, deren Mitglieder einer bestimmten Berufsgruppe angehören, einschließlich der Inanspruchnahme der Leistungen solcher Vereinigungen,
5. den Sozialschutz, einschließlich der sozialen Sicherheit und der Gesundheitsdienste,
6. die sozialen Vergünstigungen,
7. die Bildung,
8. den Zugang zu und die Versorgung mit Gütern und Dienstleistungen, die der Öffentlichkeit zur Verfügung stehen, einschließlich von Wohnraum.

(2) Für Leistungen nach dem Sozialgesetzbuch gelten § 33c des Ersten Buches Sozialgesetzbuch und § 19a des Vierten Buches Sozialgesetzbuch. Für die betriebliche Altersvorsorge gilt das Betriebsrentengesetz.

(3) Die Geltung sonstiger Benachteiligungsverbote oder Gebote der Gleichbehandlung wird durch dieses Gesetz nicht berührt. Dies gilt auch für öffentlich-rechtliche Vorschriften, die dem Schutz bestimmter Personengruppen dienen.

(4) Für Kündigungen gelten ausschließlich die Bestimmungen zum allgemeinen und besonderen Kündigungsschutz.

§ 3
Begriffsbestimmungen

(1) Eine unmittelbare Benachteiligung liegt vor, wenn eine Person wegen eines in § 1 genannten Grundes eine weniger günstige Behandlung erfährt, als eine andere Person in einer vergleichbaren Situation erfährt, erfahren hat oder erfahren würde. Eine unmittelbare Benachteiligung wegen des Geschlechts liegt in Bezug auf § 2 Abs. 1 Nr. 1 bis 4 auch im Falle einer ungünstigeren Behandlung einer Frau wegen Schwangerschaft oder Mutterschaft vor.

(2) Eine mittelbare Benachteiligung liegt vor, wenn dem Anschein nach neutrale Vorschriften, Kriterien oder Verfahren Personen wegen eines in § 1 genannten Grundes gegenüber anderen Personen in besonderer Weise benachteiligen können, es sei denn, die betreffenden Vorschriften, Kriterien oder Verfahren sind durch ein rechtmäßiges Ziel sachlich gerechtfertigt und die Mittel sind zur Erreichung dieses Ziels angemessen und erforderlich.

(3) Eine Belästigung ist eine Benachteiligung, wenn unerwünschte Verhaltensweisen, die mit einem in § 1 genannten Grund in Zusammenhang stehen, bezwecken oder bewirken, dass die Würde der betreffenden Person verletzt und ein von Einschüchterungen, Anfeindungen, Erniedrigungen,

Entwürdigungen oder Beleidigungen gekennzeichnetes Umfeld geschaffen wird.

(4) Eine sexuelle Belästigung ist eine Benachteiligung in Bezug auf § 2 Abs. 1 Nr. 1 bis 4, wenn ein unerwünschtes, sexuell bestimmtes Verhalten, wozu auch unerwünschte sexuelle Handlungen und Aufforderungen zu diesen, sexuell bestimmte körperliche Berührungen, Bemerkungen sexuellen Inhalts sowie unerwünschtes Zeigen und sichtbares Anbringen von pornographischen Darstellungen gehören, bezweckt oder bewirkt, dass die Würde der betreffenden Person verletzt wird, insbesondere wenn ein von Einschüchterungen, Anfeindungen, Erniedrigungen, Entwürdigungen oder Beleidigungen gekennzeichnetes Umfeld geschaffen wird.

(5) Die Anweisung zur Benachteiligung einer Person aus einem in § 1 genannten Grund gilt als Benachteiligung. Eine solche Anweisung liegt in Bezug auf § 2 Abs. 1 Nr. 1 bis 4 insbesondere vor, wenn jemand eine Person zu einem Verhalten bestimmt, das einen Beschäftigten oder eine Beschäftigte wegen eines in § 1 genannten Grundes benachteiligt oder benachteiligen kann.

§ 4
Unterschiedliche Behandlung wegen mehrerer Gründe

Erfolgt eine unterschiedliche Behandlung wegen mehrerer der in § 1 genannten Gründe, so kann diese unterschiedliche Behandlung nach den §§ 8 bis 10 und 20 nur gerechtfertigt werden, wenn sich die Rechtfertigung auf alle diese Gründe erstreckt, derentwegen die unterschiedliche Behandlung erfolgt.

§ 5
Positive Maßnahmen

Ungeachtet der in den §§ 8 bis 10 sowie in § 20 benannten Gründe ist Eine unterschiedliche Behandlung auch zulässig, wenn durch geeignete und angemessene Maßnahmen bestehende Nachteile wegen eines in § 1 genannten Grundes verhindert oder ausgeglichen werden sollen.

Anhang I Allgemeines Gleichbehandlungsgesetz (AGG)

Abschnitt 2
Schutz der Beschäftigten vor Benachteiligung

Unterabschnitt 1
Verbot der Benachteiligung

§ 6
Persönlicher Anwendungsbereich

(1) Beschäftigte im Sinne dieses Gesetzes sind
1. Arbeitnehmerinnen und Arbeitnehmer,
2. die zu ihrer Berufsbildung Beschäftigten,
3. Personen, die wegen ihrer wirtschaftlichen Unselbstständigkeit als arbeitnehmerähnliche Personen anzusehen sind; zu diesen gehören auch die in Heimarbeit Beschäftigten und die ihnen Gleichgestellten.

Als Beschäftigte gelten auch die Bewerberinnen und Bewerber für ein Beschäftigungsverhältnis sowie die Personen, deren Beschäftigungsverhältnis beendet ist.

(2) Arbeitgeber (Arbeitgeber und Arbeitgeberinnen) im Sinne dieses Abschnitts sind natürliche und juristische Personen sowie rechtsfähige Personengesellschaften, die Personen nach Absatz 1 beschäftigen. Werden Beschäftigte einem Dritten zur Arbeitsleistung überlassen, so gilt auch dieser als Arbeitgeber im Sinne dieses Abschnitts. Für die in Heimarbeit Beschäftigten und die ihnen Gleichgestellten tritt an die Stelle des Arbeitgebers der Auftraggeber oder Zwischenmeister.

(3) Soweit es die Bedingungen für den Zugang zur Erwerbstätigkeit sowie den beruflichen Aufstieg betrifft, gelten die Vorschriften dieses Abschnitts für Selbstständige und Organmitglieder, insbesondere Geschäftsführer oder Geschäftsführerinnen und Vorstände, entsprechend.

§ 7
Benachteiligungsverbot

(1) Beschäftigte dürfen nicht wegen eines in § 1 genannten Grundes benachteiligt werden; dies gilt auch, wenn die Person, die die Benachteiligung begeht, das Vorliegen eines in § 1 genannten Grundes bei der Benachteiligung nur annimmt.

(2) Bestimmungen in Vereinbarungen, die gegen das Benachteiligungsverbot des Absatzes 1 verstoßen, sind unwirksam.

(3) Eine Benachteiligung nach Absatz 1 durch Arbeitgeber oder Beschäftigte ist eine Verletzung vertraglicher Pflichten.

§ 8
Zulässige unterschiedliche Behandlung wegen beruflicher Anforderungen

(1) Eine unterschiedliche Behandlung wegen eines in § 1 genannten Grundes ist zulässig, wenn dieser Grund wegen der Art der auszuübenden Tätigkeit oder der Bedingungen ihrer Ausübung eine wesentliche und entscheidende berufliche Anforderung darstellt, sofern der Zweck rechtmäßig und die Anforderung angemessen ist.

(2) Die Vereinbarung einer geringeren Vergütung für gleiche oder gleichwertige Arbeit wegen eines in § 1 genannten Grundes wird nicht dadurch gerechtfertigt, dass wegen eines in § 1 genannten Grundes besondere Schutzvorschriften gelten.

§ 9
Zulässige unterschiedliche Behandlung wegen der Religion oder Weltanschauung

(1) Ungeachtet des § 8 ist eine unterschiedliche Behandlung wegen der Religion oder der Weltanschauung bei der Beschäftigung durch Religionsgemeinschaften, die ihnen zugeordneten Einrichtungen ohne Rücksicht auf ihre Rechtsform oder durch Vereinigungen, die sich die gemeinschaftliche Pflege einer Religion oder Weltanschauung zur Aufgabe machen, auch zulässig, wenn eine bestimmte Religion oder Weltanschauung unter Beachtung des Selbstverständnisses der jeweiligen Religionsgemeinschaft oder Vereinigung im Hinblick auf ihr Selbstbestimmungsrecht oder nach der Art der Tätigkeit eine gerechtfertigte berufliche Anforderung darstellt.

(2) Das Verbot unterschiedlicher Behandlung wegen der Religion oder der Weltanschauung berührt nicht das Recht der in Absatz 1 genannten Religionsgemeinschaften, der ihnen zugeordneten Einrichtungen ohne Rücksicht auf ihre Rechtsform oder der Vereinigungen, die sich die gemeinschaftliche Pflege einer Religion oder Weltanschauung zur Aufgabe machen, von ihren Beschäftigten ein loyales und aufrichtiges Verhalten im Sinne ihres jeweiligen Selbstverständnisses verlangen zu können.

Anhang I Allgemeines Gleichbehandlungsgesetz (AGG)

§ 10
Zulässige unterschiedliche Behandlung wegen des Alters

Ungeachtet des § 8 ist eine unterschiedliche Behandlung wegen des Alters auch zulässig, wenn sie objektiv und angemessen und durch ein legitimes Ziel gerechtfertigt ist. Die Mittel zur Erreichung dieses Ziels müssen angemessen und erforderlich sein. Derartige unterschiedliche Behandlungen können insbesondere Folgendes einschließen:

1. die Festlegung besonderer Bedingungen für den Zugang zur Beschäftigung und zur beruflichen Bildung sowie besonderer Beschäftigungs- und Arbeitsbedingungen, einschließlich der Bedingungen für Entlohnung und Beendigung des Beschäftigungsverhältnisses, um die berufliche Eingliederung von Jugendlichen, älteren Beschäftigten und Personen mit Fürsorgepflichten zu fördern oder ihren Schutz sicherzustellen,
2. die Festlegung von Mindestanforderungen an das Alter, die Berufserfahrung oder das Dienstalter für den Zugang zur Beschäftigung oder für bestimmte mit der Beschäftigung verbundene Vorteile,
3. die Festsetzung eines Höchstalters für die Einstellung auf Grund der spezifischen Ausbildungsanforderungen eines bestimmten Arbeitsplatzes oder auf Grund der Notwendigkeit einer angemessenen Beschäftigungszeit vor dem Eintritt in den Ruhestand,
4. die Festsetzung von Altersgrenzen bei den betrieblichen Systemen der sozialen Sicherheit als Voraussetzung für die Mitgliedschaft oder den Bezug von Altersrente oder von Leistungen bei Invalidität einschließlich der Festsetzung unterschiedlicher Altersgrenzen im Rahmen dieser Systeme für bestimmte Beschäftigte oder Gruppen von Beschäftigten und die Verwendung von Alterskriterien im Rahmen dieser Systeme für versicherungsmathematische Berechnungen,
5. eine Vereinbarung, die die Beendigung des Beschäftigungsverhältnisses ohne Kündigung zu einem Zeitpunkt vorsieht, zu dem der oder die Beschäftigte eine Rente wegen Alters beantragen kann; § 41 des Sechsten Buches Sozialgesetzbuch bleibt unberührt,
6. eine Berücksichtigung des Alters bei der Sozialauswahl anlässlich einer betriebsbedingten Kündigung im Sinne des § 1 des Kündigungsschutzgesetzes, soweit dem Alter kein genereller Vorrang gegenüber anderen Auswahlkriterien zukommt, sondern die Besonderheiten des Einzelfalls und die individuellen Unterschiede zwischen den vergleichbaren Beschäftigten, insbesondere die Chancen auf dem Arbeitsmarkt entscheiden,
7. die individual- oder kollektivrechtliche Vereinbarung der Unkündbarkeit von Beschäftigten eines bestimmten Alters und einer bestimmten Betriebszugehörigkeit, soweit dadurch nicht der Kündigungsschutz anderer

Beschäftigter im Rahmen der Sozialauswahl nach § 1 Abs. 3 des Kündigungsschutzgesetzes grob fehlerhaft gemindert wird,
8. Differenzierungen von Leistungen in Sozialplänen im Sinne des Betriebsverfassungsgesetzes, wenn die Parteien eine nach Alter oder Betriebszugehörigkeit gestaffelte Abfindungsregelung geschaffen haben, in der die wesentlich vom Alter abhängenden Chancen auf dem Arbeitsmarkt durch eine verhältnismäßig starke Betonung des Lebensalters erkennbar berücksichtigt worden sind, oder Beschäftigte von den Leistungen des Sozialplans ausgeschlossen haben, die wirtschaftlich abgesichert sind, weil sie, gegebenenfalls nach Bezug von Arbeitslosengeld, rentenberechtigt sind.

Unterabschnitt 2
Organisationspflichten des Arbeitgebers

§ 11
Ausschreibung

Ein Arbeitsplatz darf nicht unter Verstoß gegen § 7 Abs. 1 ausgeschrieben werden.

§ 12
Maßnahmen und Pflichten des Arbeitgebers

(1) Der Arbeitgeber ist verpflichtet, die erforderlichen Maßnahmen zum Schutz vor Benachteiligungen wegen eines in § 1 genannten Grundes zu treffen. Dieser Schutz umfasst auch vorbeugende Maßnahmen.

(2) Der Arbeitgeber soll in geeigneter Art und Weise, insbesondere im Rahmen der beruflichen Aus- und Fortbildung, auf die Unzulässigkeit solcher Benachteiligungen hinweisen und darauf hinwirken, dass diese unterbleiben. Hat der Arbeitgeber seine Beschäftigten in geeigneter Weise zum Zwecke der Verhinderung von Benachteiligung geschult, gilt dies als Erfüllung seiner Pflichten nach Absatz 1.

(3) Verstoßen Beschäftigte gegen das Benachteiligungsverbot des § 7 Abs. 1, so hat der Arbeitgeber die im Einzelfall geeigneten, erforderlichen und angemessenen Maßnahmen zur Unterbindung der Benachteiligung wie Abmahnung, Umsetzung, Versetzung oder Kündigung zu ergreifen.

(4) Werden Beschäftigte bei der Ausübung ihrer Tätigkeit durch Dritte nach § 7 Abs. 1 benachteiligt, so hat der Arbeitgeber die im Einzelfall geeig-

neten, erforderlichen und angemessenen Maßnahmen zum Schutz der Beschäftigten zu ergreifen.

(5) Dieses Gesetz und § 61b des Arbeitsgerichtsgesetzes sowie Informationen über die für die Behandlung von Beschwerden nach § 13 zuständigen Stellen sind im Betrieb oder in der Dienststelle bekannt zu machen. Die Bekanntmachung kann durch Aushang oder Auslegung an geeigneter Stelle oder den Einsatz der im Betrieb oder der Dienststelle üblichen Informations- und Kommunikationstechnik erfolgen.

Unterabschnitt 3
Rechte der Beschäftigten

§ 13
Beschwerderecht

(1) Die Beschäftigten haben das Recht, sich bei den zuständigen Stellen des Betriebs, des Unternehmens oder der Dienststelle zu beschweren, wenn sie sich im Zusammenhang mit ihrem Beschäftigungsverhältnis vom Arbeitgeber, von Vorgesetzten, anderen Beschäftigten oder Dritten wegen eines in § 1 genannten Grundes benachteiligt fühlen. Die Beschwerde ist zu prüfen und das Ergebnis der oder dem beschwerdeführenden Beschäftigten mitzuteilen.

(2) Die Rechte der Arbeitnehmervertretungen bleiben unberührt.

§ 14
Leistungsverweigerungsrecht

Ergreift der Arbeitgeber keine oder offensichtlich ungeeignete Maßnahmen zur Unterbindung einer Belästigung oder sexuellen Belästigung am Arbeitsplatz, sind die betroffenen Beschäftigten berechtigt, ihre Tätigkeit ohne Verlust des Arbeitsentgelts einzustellen, soweit dies zu ihrem Schutz erforderlich ist. § 273 des Bürgerlichen Gesetzbuchs bleibt unberührt.

§ 15
Entschädigung und Schadensersatz

(1) Bei einem Verstoß gegen das Benachteiligungsverbot ist der Arbeitgeber verpflichtet, den hierdurch entstandenen Schaden zu ersetzen. Dies gilt nicht, wenn der Arbeitgeber die Pflichtverletzung nicht zu vertreten hat.

(2) Wegen eines Schadens, der nicht Vermögensschaden ist, kann der oder die Beschäftigte eine angemessene Entschädigung in Geld verlangen. Die Entschädigung darf bei einer Nichteinstellung drei Monatsgehälter nicht übersteigen, wenn der oder die Beschäftigte auch bei benachteiligungsfreier Auswahl nicht eingestellt worden wäre.

(3) Der Arbeitgeber ist bei der Anwendung kollektivrechtlicher Vereinbarungen nur dann zur Entschädigung verpflichtet, wenn er vorsätzlich oder grob fahrlässig handelt.

(4) Ein Anspruch nach Absatz 1 oder 2 muss innerhalb einer Frist von zwei Monaten schriftlich geltend gemacht werden, es sei denn, die Tarifvertragsparteien haben etwas anderes vereinbart. Die Frist beginnt im Falle einer Bewerbung oder eines beruflichen Aufstiegs mit dem Zugang der Ablehnung und in den sonstigen Fällen einer Benachteiligung zu dem Zeitpunkt, in dem der oder die Beschäftigte von der Benachteiligung Kenntnis erlangt.

(5) Im Übrigen bleiben Ansprüche gegen den Arbeitgeber, die sich aus anderen Rechtsvorschriften ergeben, unberührt.

(6) Ein Verstoß des Arbeitgebers gegen das Benachteiligungsverbot des § 7 Abs. 1 begründet keinen Anspruch auf Begründung eines Beschäftigungsverhältnisses, Berufsausbildungsverhältnisses oder einen beruflichen Aufstieg, es sei denn, ein solcher ergibt sich aus einem anderen Rechtsgrund.

§ 16
Maßregelungsverbot

(1) Der Arbeitgeber darf Beschäftigte nicht wegen der Inanspruchnahme von Rechten nach diesem Abschnitt oder wegen der Weigerung, eine gegen diesen Abschnitt verstoßende Anweisung auszuführen, benachteiligen. Gleiches gilt für Personen, die den Beschäftigten hierbei unterstützen oder als Zeuginnen oder Zeugen aussagen.

(2) Die Zurückweisung oder Duldung benachteiligender Verhaltensweisen durch betroffene Beschäftigte darf nicht als Grundlage für eine Entscheidung herangezogen werden, die diese Beschäftigten berührt. Absatz 1 Satz 2 gilt entsprechend.

(3) § 22 gilt entsprechend.

Unterabschnitt 4
Ergänzende Vorschriften

§ 17
Soziale Verantwortung der Beteiligten

(1) Tarifvertragsparteien, Arbeitgeber, Beschäftigte und deren Vertretungen sind aufgefordert, im Rahmen ihrer Aufgaben und Handlungsmöglichkeiten an der Verwirklichung des in § 1 genannten Ziels mitzuwirken.

(2) In Betrieben, in denen die Voraussetzungen des § 1 Abs. 1 Satz 1 des Betriebsverfassungsgesetzes vorliegen, können bei einem groben Verstoß des Arbeitgebers gegen Vorschriften aus diesem Abschnitt der Betriebsrat oder eine im Betrieb vertretene Gewerkschaft unter der Voraussetzung des § 23 Abs. 3 Satz 1 des Betriebsverfassungsgesetzes die dort genannten Rechte gerichtlich geltend machen; § 23 Abs. 3 Satz 2 bis 5 des Betriebsverfassungsgesetzes gilt entsprechend. Mit dem Antrag dürfen nicht Ansprüche des Benachteiligten geltend gemacht werden.

§ 18
Mitgliedschaft in Vereinigungen

(1) Die Vorschriften dieses Abschnitts gelten entsprechend für die Mitgliedschaft oder die Mitwirkung in einer
1. Tarifvertragspartei,
2. Vereinigung, deren Mitglieder einer bestimmten Berufsgruppe angehören oder die eine überragende Machtstellung im wirtschaftlichen oder sozialen Bereich innehat, wenn ein grundlegendes Interesse am Erwerb der Mitgliedschaft besteht, sowie deren jeweiligen Zusammenschlüssen.

(2) Wenn die Ablehnung einen Verstoß gegen das Benachteiligungsverbot des § 7 Abs. 1 darstellt, besteht ein Anspruch auf Mitgliedschaft oder Mitwirkung in den in Absatz 1 genannten Vereinigungen.

Abschnitt 3
Schutz vor Benachteiligung im Zivilrechtsverkehr

§ 19
Zivilrechtliches Benachteiligungsverbot

(1) Eine Benachteiligung aus Gründen der Rasse oder wegen der ethnischen Herkunft, wegen des Geschlechts, der Religion, einer Behinderung, des Alters oder der sexuellen Identität bei der Begründung, Durchführung und Beendigung zivilrechtlicher Schuldverhältnisse, die
1. typischerweise ohne Ansehen der Person zu vergleichbaren Bedingungen in einer Vielzahl von Fällen zustande kommen (Massengeschäfte) oder bei denen das Ansehen der Person nach der Art des Schuldverhältnisses eine nachrangige Bedeutung hat und die zu vergleichbaren Bedingungen in einer Vielzahl von Fällen zustande kommen oder
2. eine privatrechtliche Versicherung zum Gegenstand haben, ist unzulässig.

(2) Eine Benachteiligung aus Gründen der Rasse oder wegen der ethnischen Herkunft ist darüber hinaus auch bei der Begründung, Durchführung und Beendigung sonstiger zivilrechtlicher Schuldverhältnisse im Sinne des § 2 Abs. 1 Nr. 5 bis 8 unzulässig.

(3) Bei der Vermietung von Wohnraum ist eine unterschiedliche Behandlung im Hinblick auf die Schaffung und Erhaltung sozial stabiler Bewohnerstrukturen und ausgewogener Siedlungsstrukturen sowie ausgeglichener wirtschaftlicher, sozialer und kultureller Verhältnisse zulässig.

(4) Die Vorschriften dieses Abschnitts finden keine Anwendung auf familien- und erbrechtliche Schuldverhältnisse.

(5) Die Vorschriften dieses Abschnitts finden keine Anwendung auf zivilrechtliche Schuldverhältnisse, bei denen ein besonderes Nähe- oder Vertrauensverhältnis der Parteien oder ihrer Angehörigen begründet wird. Bei Mietverhältnissen kann dies insbesondere der Fall sein, wenn die Parteien oder ihre Angehörigen Wohnraum auf demselben Grundstück nutzen. Die Vermietung von Wohnraum zum nicht nur vorübergehenden Gebrauch ist in der Regel kein Geschäft im Sinne des Absatzes 1 Nr. 1, wenn der Vermieter insgesamt nicht mehr als 50 Wohnungen vermietet.

§ 20
Zulässige unterschiedliche Behandlung

(1) Eine Verletzung des Benachteiligungsverbots ist nicht gegeben, wenn für eine unterschiedliche Behandlung wegen der Religion oder der Weltan-

schauung, einer Behinderung, des Alters, der sexuellen Identität oder des Geschlechts ein sachlicher Grund vorliegt. Das kann insbesondere der Fall sein, wenn die unterschiedliche Behandlung
1. Gefahren, der Verhütung von Schäden oder anderen Zwecken vergleichbarer Art dient,
2. dem Bedürfnis nach Schutz der Intimsphäre oder der persönlichen Sicherheit Rechnung trägt,
3. besondere Vorteile gewährt und ein Interesse an der Durchsetzung der Gleichbehandlung fehlt,
4. an die Religion eines Menschen anknüpft und im Hinblick auf die Ausübung der Religionsfreiheit oder auf das Selbstbestimmungsrecht der Religionsgemeinschaften, der ihnen zugeordneten Einrichtungen ohne Rücksicht auf ihre Rechtsform sowie der Vereinigungen, die sich die gemeinschaftliche Pflege einer Religion zur Aufgabe machen, unter Beachtung des jeweiligen Selbstverständnisses gerechtfertigt ist.

(2) Eine unterschiedliche Behandlung wegen des Geschlechts ist im Falle des § 19 Abs. 1 Nr. 2 bei den Prämien oder Leistungen nur zulässig, wenn dessen Berücksichtigung bei einer auf relevanten und genauen versicherungsmathematischen und statistischen Daten beruhenden Risikobewertung ein bestimmender Faktor ist. Kosten im Zusammenhang mit Schwangerschaft und Mutterschaft dürfen auf keinen Fall zu unterschiedlichen Prämien oder Leistungen führen. Eine unterschiedliche Behandlung wegen der Religion oder Weltanschauung, einer Behinderung, des Alters oder der sexuellen Identität ist im Falle des § 19 Abs. 1 Nr. 2 nur zulässig, wenn diese auf anerkannten Prinzipien risikoadäquater Kalkulation beruht, insbesondere auf einer versicherungsmathematisch ermittelten Risikobewertung unter Heranziehung statistischer Erhebungen.

§ 21
Ansprüche

(1) Der Benachteiligte kann bei einem Verstoß gegen das Benachteiligungsverbot unbeschadet weiterer Ansprüche die Beseitigung der Beeinträchtigung verlangen. Sind weitere Beeinträchtigungen zu besorgen, so kann er auf Unterlassung klagen.

(2) Bei einer Verletzung des Benachteiligungsverbots ist der Benachteiligende verpflichtet, den hierdurch entstandenen Schaden zu ersetzen. Dies gilt nicht, wenn der Benachteiligende die Pflichtverletzung nicht zu vertreten hat. Wegen eines Schadens, der nicht Vermögensschaden ist, kann der Benachteiligte eine angemessene Entschädigung in Geld verlangen.

(3) Ansprüche aus unerlaubter Handlung bleiben unberührt.
(4) Auf eine Vereinbarung, die von dem Benachteiligungsverbot abweicht, kann sich der Benachteiligende nicht berufen.
(5) Ein Anspruch nach den Absätzen 1 und 2 muss innerhalb einer Frist von zwei Monaten geltend gemacht werden. Nach Ablauf der Frist kann der Anspruch nur geltend gemacht werden, wenn der Benachteiligte ohne Verschulden an der Einhaltung der Frist verhindert war.

Abschnitt 4
Rechtsschutz

§ 22
Beweislast

Wenn im Streitfall die eine Partei Indizien beweist, die eine Benachteiligung wegen eines in § 1 genannten Grundes vermuten lassen, trägt die andere Partei die Beweislast dafür, dass kein Verstoß gegen die Bestimmungen zum Schutz vor Benachteiligung vorgelegen hat.

§ 23
Unterstützung durch Antidiskriminierungsverbände

(1) Antidiskriminierungsverbände sind Personenzusammenschlüsse, die nicht gewerbsmäßig und nicht nur vorübergehend entsprechend ihrer Satzung die besonderen Interessen von benachteiligten Personen oder Personengruppen nach Maßgabe von § 1 wahrnehmen. Die Befugnisse nach den Absätzen 2 bis 4 stehen ihnen zu, wenn sie mindestens 75 Mitglieder haben oder einen Zusammenschluss aus mindestens sieben Verbänden bilden.
(2) Antidiskriminierungsverbände sind befugt, im Rahmen ihres Satzungszwecks in gerichtlichen Verfahren, in denen eine Vertretung durch Anwälte und Anwältinnen nicht gesetzlich vorgeschrieben ist, als Beistände Benachteiligter in der Verhandlung aufzutreten. Im Übrigen bleiben die Vorschriften der Verfahrensordnungen, insbesondere diejenigen, nach denen Beiständen weiterer Vortrag untersagt werden kann, unberührt.
(3) Antidiskriminierungsverbänden ist im Rahmen ihres Satzungszwecks die Besorgung von Rechtsangelegenheiten Benachteiligter gestattet.
(4) Besondere Klagerechte und Vertretungsbefugnisse von Verbänden zu Gunsten von behinderten Menschen bleiben unberührt.

Abschnitt 5
Sonderregelungen für öffentlich-rechtliche Dienstverhältnisse

§ 24
Sonderregelung für öffentlich-rechtliche Dienstverhältnisse

Die Vorschriften dieses Gesetzes gelten unter Berücksichtigung ihrer besonderen Rechtsstellung entsprechend für
1. Beamtinnen und Beamte des Bundes, der Länder, der Gemeinden, der Gemeindeverbände sowie der sonstigen der Aufsicht des Bundes oder eines Landes unterstehenden Körperschaften, Anstalten und Stiftungen des öffentlichen Rechts,
2. Richterinnen und Richter des Bundes und der Länder,
3. Zivildienstleistende sowie anerkannte Kriegsdienstverweigerer, soweit ihre Heranziehung zum Zivildienst betroffen ist.

Abschnitt 6
Antidiskriminierungsstelle

§ 25
Antidiskriminierungsstelle des Bundes

(1) Beim Bundesministerium für Familie, Senioren, Frauen und Jugend wird unbeschadet der Zuständigkeit der Beauftragten des Deutschen Bundestages oder der Bundesregierung die Stelle des Bundes zum Schutz vor Benachteiligungen wegen eines in § 1 genannten Grundes (Antidiskriminierungsstelle des Bundes) errichtet.

(2) Der Antidiskriminierungsstelle des Bundes ist die für die Erfüllung ihrer Aufgaben notwendige Personal- und Sachausstattung zur Verfügung zu stellen. Sie ist im Einzelplan des Bundesministeriums für Familie, Senioren, Frauen und Jugend in einem eigenen Kapitel auszuweisen.

§ 26
Rechtsstellung der Leitung der Antidiskriminierungsstelle des Bundes

(1) Die Bundesministerin oder der Bundesminister für Familie, Senioren, Frauen und Jugend ernennt auf Vorschlag der Bundesregierung eine Person zur Leitung der Antidiskriminierungsstelle des Bundes. Sie steht nach Maßgabe dieses Gesetzes in einem öffentlich-rechtlichen Amtsverhältnis zum Bund. Sie ist in Ausübung ihres Amtes unabhängig und nur dem Gesetz unterworfen.

(2) Das Amtsverhältnis beginnt mit der Aushändigung der Urkunde über die Ernennung durch die Bundesministerin oder den Bundesminister für Familie, Senioren, Frauen und Jugend.

(3) Das Amtsverhältnis endet außer durch Tod
1. mit dem Zusammentreten eines neuen Bundestages,
2. durch Ablauf der Amtszeit mit Erreichen der Altersgrenze nach § 41 Abs. 1 des Bundesbeamtengesetzes,
3. mit der Entlassung.

Die Bundesministerin oder der Bundesminister für Familie, Senioren, Frauen und Jugend entlässt die Leiterin oder den Leiter der Antidiskriminierungsstelle des Bundes auf deren Verlangen oder wenn Gründe vorliegen, die bei einer Richterin oder einem Richter auf Lebenszeit die Entlassung aus dem Dienst rechtfertigen. Im Falle der Beendigung des Amtsverhältnisses erhält die Leiterin oder der Leiter der Antidiskriminierungsstelle des Bundes eine von der Bundesministerin oder dem Bundesminister für Familie, Senioren, Frauen und Jugend vollzogene Urkunde. Die Entlassung wird mit der Aushändigung der Urkunde wirksam.

(4) Das Rechtsverhältnis der Leitung der Antidiskriminierungsstelle des Bundes gegenüber dem Bund wird durch Vertrag mit dem Bundesministerium für Familie, Senioren, Frauen und Jugend geregelt. Der Vertrag bedarf der Zustimmung der Bundesregierung.

(5) Wird eine Bundesbeamtin oder ein Bundesbeamter zur Leitung der Antidiskriminierungsstelle des Bundes bestellt, scheidet er oder sie mit Beginn des Amtsverhältnisses aus dem bisherigen Amt aus. Für die Dauer des Amtsverhältnisses ruhen die aus dem Beamtenverhältnis begründeten Rechte und Pflichten mit Ausnahme der Pflicht zur Amtsverschwiegenheit und des Verbots der Annahme von Belohnungen oder Geschenken. Bei unfallverletzten Beamtinnen oder Beamten bleiben die gesetzlichen Ansprüche auf das Heilverfahren und einen Unfallausgleich unberührt.

Anhang I Allgemeines Gleichbehandlungsgesetz (AGG)

§ 27
Aufgaben

(1) Wer der Ansicht ist, wegen eines in § 1 genannten Grundes benachteiligt worden zu sein, kann sich an die Antidiskriminierungsstelle des Bundes wenden.

(2) Die Antidiskriminierungsstelle des Bundes unterstützt auf unabhängige Weise Personen, die sich nach Absatz 1 an sie wenden, bei der Durchsetzung ihrer Rechte zum Schutz vor Benachteiligungen. Hierbei kann sie insbesondere
1. über Ansprüche und die Möglichkeiten des rechtlichen Vorgehens im Rahmen gesetzlicher Regelungen zum Schutz vor Benachteiligungen informieren,
2. Beratung durch andere Stellen vermitteln,
3. eine gütliche Beilegung zwischen den Beteiligten anstreben.

Soweit Beauftragte des Deutschen Bundestages oder der Bundesregierung zuständig sind, leitet die Antidiskriminierungsstelle des Bundes die Anliegen der in Absatz 1 genannten Personen mit deren Einverständnis unverzüglich an diese weiter.

(3) Die Antidiskriminierungsstelle des Bundes nimmt auf unabhängige Weise folgende Aufgaben wahr, soweit nicht die Zuständigkeit der Beauftragten der Bundesregierung oder des Deutschen Bundestages berührt ist:
1. Öffentlichkeitsarbeit,
2. Maßnahmen zur Verhinderung von Benachteiligungen aus den in § 1 genannten Gründen,
3. Durchführung wissenschaftlicher Untersuchungen zu diesen Benachteiligungen.

(4) Die Antidiskriminierungsstelle des Bundes und die in ihrem Zuständigkeitsbereich betroffenen Beauftragten der Bundesregierung und des Deutschen Bundestages legen gemeinsam dem Deutschen Bundestag alle vier Jahre Berichte über Benachteiligungen aus den in § 1 genannten Gründen vor und geben Empfehlungen zur Beseitigung und Vermeidung dieser Benachteiligungen. Sie können gemeinsam wissenschaftliche Untersuchungen zu Benachteiligungen durchführen.

(5) Die Antidiskriminierungsstelle des Bundes und die in ihrem Zuständigkeitsbereich betroffenen Beauftragten der Bundesregierung und des Deutschen Bundestages sollen bei Benachteiligungen aus mehreren der in § 1 genannten Gründe zusammenarbeiten.

§ 28
Befugnisse

(1) Die Antidiskriminierungsstelle des Bundes kann in Fällen des § 27 Abs. 2 Satz 2 Nr. 3 Beteiligte um Stellungnahmen ersuchen, soweit die Person, die sich nach § 27 Abs. 1 an sie gewandt hat, hierzu ihr Einverständnis erklärt.

(2) Alle Bundesbehörden und sonstigen öffentlichen Stellen im Bereich des Bundes sind verpflichtet, die Antidiskriminierungsstelle des Bundes bei der Erfüllung ihrer Aufgaben zu unterstützen, insbesondere die erforderlichen Auskünfte zu erteilen. Die Bestimmungen zum Schutz personenbezogener Daten bleiben unberührt.

§ 29
Zusammenarbeit mit Nichtregierungsorganisationen und anderen Einrichtungen

Die Antidiskriminierungsstelle des Bundes soll bei ihrer Tätigkeit Nichtregierungsorganisationen sowie Einrichtungen, die auf europäischer, Bundes-, Landes- oder regionaler Ebene zum Schutz vor Benachteiligungen wegen eines in § 1 genannten Grundes tätig sind, in geeigneter Form einbeziehen.

§ 30
Beirat

(1) Zur Förderung des Dialogs mit gesellschaftlichen Gruppen und Organisationen, die sich den Schutz vor Benachteiligungen wegen eines in § 1 genannten Grundes zum Ziel gesetzt haben, wird der Antidiskriminierungsstelle des Bundes ein Beirat beigeordnet. Der Beirat berät die Antidiskriminierungsstelle des Bundes bei der Vorlage von Berichten und Empfehlungen an den Deutschen Bundestag nach § 27 Abs. 4 und kann hierzu sowie zu wissenschaftlichen Untersuchungen nach § 27 Abs. 3 Nr. 3 eigene Vorschläge unterbreiten.

(2) Das Bundesministerium für Familie, Senioren, Frauen und Jugend beruft im Einvernehmen mit der Leitung der Antidiskriminierungsstelle des Bundes sowie den entsprechend zuständigen Beauftragten der Bundesregierung oder des Deutschen Bundestages die Mitglieder dieses Beirats und für

jedes Mitglied eine Stellvertretung. In den Beirat sollen Vertreterinnen und Vertreter gesellschaftlicher Gruppen und Organisationen sowie Expertinnen und Experten in Benachteiligungsfragen berufen werden. Die Gesamtzahl der Mitglieder des Beirats soll 16 Personen nicht überschreiten. Der Beirat soll zu gleichen Teilen mit Frauen und Männern besetzt sein.

(3) Der Beirat gibt sich eine Geschäftsordnung, die der Zustimmung des Bundesministeriums für Familie, Senioren, Frauen und Jugend bedarf.

(4) Die Mitglieder des Beirats üben die Tätigkeit nach diesem Gesetz ehrenamtlich aus. Sie haben Anspruch auf Aufwandsentschädigung sowie Reisekostenvergütung, Tagegelder und Übernachtungsgelder. Näheres regelt die Geschäftsordnung.

Abschnitt 7
Schlussvorschriften

§ 31
Unabdingbarkeit

Von den Vorschriften dieses Gesetzes kann nicht zu Ungunsten der geschützten Personen abgewichen werden.

§ 32
Schlussbestimmungen

Soweit in diesem Gesetz nicht Abweichendes bestimmt ist, gelten die allgemeinen Bestimmungen.

§ 33
Übergangsbestimmungen

(1) Bei Benachteiligungen nach den §§ 611a, 611b und 612 Abs. 3 des Bürgerlichen Gesetzbuchs oder sexuellen Belästigungen nach dem Beschäftigtenschutzgesetz ist das vor dem 18. August 2006 maßgebliche Recht anzuwenden.

(2) Bei Benachteiligungen aus Gründen der Rasse oder wegen der ethnischen Herkunft sind die §§ 19 bis 21 nicht auf Schuldverhältnisse anzu-

wenden, die vor dem 18. August 2006 begründet worden sind. Satz 1 gilt nicht für spätere Änderungen von Dauerschuldverhältnissen.

(3) Bei Benachteiligungen wegen des Geschlechts, der Religion, einer Behinderung, des Alters oder der sexuellen Identität sind die §§ 19 bis 21 nicht auf Schuldverhältnisse anzuwenden, die vor dem 1. Dezember 2006 begründet worden sind. Satz 1 gilt nicht für spätere Änderungen von Dauerschuldverhältnissen.

(4) Auf Schuldverhältnisse, die eine privatrechtliche Versicherung zum Gegenstand haben, ist § 19 Abs. 1 nicht anzuwenden, wenn diese vor dem 22. Dezember 2007 begründet worden sind. Satz 1 gilt nicht für spätere Änderungen solcher Schuldverhältnisse.

Anhang II
Antirassismusrichtlinie

vom 29.6.2000

Richtlinie 2000/43/EG des Rates

zur Anwendung des Gleichbehandlungsgrundsatzes ohne Unterschied der Rasse oder der ethnischen Herkunft

DER RAT DER EUROPÄISCHEN UNION –

gestützt auf den Vertrag zur Gründung der Europäischen Gemeinschaft, insbesondere auf Artikel 13,
auf Vorschlag der Kommission,
nach Stellungnahme des Europäischen Parlaments,
nach Stellungnahme des Wirtschafts- und Sozialausschusses,
nach Stellungnahme des Ausschusses der Regionen,
in Erwägung nachstehender Gründe:

(1) Der Vertrag über die Europäische Union markiert den Beginn einer neuen Etappe im Prozeß des immer engeren Zusammenwachsens der Völker Europas.

(2) Nach Artikel 6 des Vertrags über die Europäische Union beruht die Europäische Union auf den Grundsätzen der Freiheit, der Demokratie, der Achtung der Menschenrechte und Grundfreiheiten sowie der Rechtsstaatlichkeit; diese Grundsätze sind den Mitgliedstaaten gemeinsam. Nach Artikel 6 EU-Vertrag sollte die Union ferner die Grundrechte, wie sie in der Europäischen Konvention zum Schutze der Menschenrechte und Grundfreiheiten gewährleistet sind und wie sie sich aus den gemeinsamen Verfassungsüberlieferungen als allgemeine Grundsätze des Gemeinschaftsrechts ergeben, achten.

(3) Die Gleichheit vor dem Gesetz und der Schutz aller Menschen vor Diskriminierung ist ein allgemeines Menschenrecht. Dieses Recht wurde in der Allgemeinen Erklärung der Menschenrechte, im VN-Übereinkommen über die Beseitigung aller Formen der Diskriminierung von Frauen, im In-

ternationalen Übereinkommen zur Beseitigung jeder Form von Rassendiskriminierung, im Internationalen Pakt der VN über bürgerliche und politische Rechte sowie im Internationalen Pakt der VN über wirtschaftliche, soziale und kulturelle Rechte und in der Europäischen Konvention zum Schutz der Menschenrechte und der Grundfreiheiten anerkannt, die von allen Mitgliedstaaten unterzeichnet wurden.

(4) Es ist wichtig, daß diese Grundrechte und Grundfreiheiten, einschließlich der Vereinigungsfreiheit, geachtet werden. Ferner ist es wichtig, daß im Zusammenhang mit dem Zugang zu und der Versorgung mit Gütern und Dienstleistungen der Schutz der Privatsphäre und des Familienlebens sowie der in diesem Kontext getätigten Geschäfte gewahrt bleibt.

(5) Das Europäische Parlament hat eine Reihe von Entschließungen zur Bekämpfung des Rassismus in der Europäischen Union angenommen.

(6) Die Europäische Union weist Theorien, mit denen versucht wird, die Existenz verschiedener menschlicher Rassen zu belegen, zurück. Die Verwendung des Begriffs »Rasse« in dieser Richtlinie impliziert nicht die Akzeptanz solcher Theorien.

(7) Auf seiner Tagung in Tampere vom 15. und 16. Oktober 1999 ersuchte der Europäische Rat die Kommission, so bald wie möglich Vorschläge zur Durchführung des Artikels 13 EG-Vertrag im Hinblick auf die Bekämpfung von Rassismus und Fremdenfeindlichkeit vorzulegen.

(8) In den vom Europäischen Rat auf seiner Tagung vom 10. und 11. Dezember 1999 in Helsinki vereinbarten beschäftigungspolitischen Leitlinien für das Jahr 2000 wird die Notwendigkeit unterstrichen, günstigere Bedingungen für die Entstehung eines Arbeitsmarktes zu schaffen, der soziale Integration fördert; dies soll durch ein Bündel aufeinander abgestimmter Maßnahmen geschehen, die darauf abstellen, Diskriminierungen bestimmter gesellschaftlicher Gruppen, wie ethnischer Minderheiten, zu bekämpfen.

(9) Diskriminierungen aus Gründen der Rasse oder der ethnischen Herkunft können die Verwirklichung der im EG-Vertrag festgelegten Ziele unterminieren, insbesondere die Erreichung eines hohen Beschäftigungsniveaus und eines hohen Maßes an sozialem Schutz, die Hebung des Lebensstandards und der Lebensqualität, den wirtschaftlichen und sozialen Zusammenhalt sowie die Solidarität. Ferner kann das Ziel der Weiterentwicklung der Europäischen Union zu einem Raum der Freiheit, der Sicherheit und des Rechts beeinträchtigt werden.

(10) Die Kommission legte im Dezember 1995 eine Mitteilung über Rassismus, Fremdenfeindlichkeit und Antisemitismus vor.

(11) Der Rat hat am 15. Juli 1996 die Gemeinsame Maßnahme 96/443/JI zur Bekämpfung von Rassismus und Fremdenfeindlichkeit angenommen, mit der sich die Mitgliedstaaten verpflichten, eine wirksame justitielle Zu-

Anhang II Antirassismusrichtlinie

sammenarbeit bei Vergehen, die auf rassistischen oder fremdenfeindlichen Verhaltensweisen beruhen, zu gewährleisten.

(12) Um die Entwicklung demokratischer und toleranter Gesellschaften zu gewährleisten, die allen Menschen – ohne Unterschied der Rasse oder der ethnischen Herkunft – eine Teilhabe ermöglichen, sollten spezifische Maßnahmen zur Bekämpfung von Diskriminierungen aus Gründen der Rasse oder der ethnischen Herkunft über die Gewährleistung des Zugangs zu unselbständiger und selbständiger Erwerbstätigkeit hinausgehen und auch Aspekte wie Bildung, Sozialschutz, einschließlich sozialer Sicherheit und der Gesundheitsdienste, soziale Vergünstigungen, Zugang zu und Versorgung mit Gütern und Dienstleistungen, mit abdecken.

(13) Daher sollte jede unmittelbare oder mittelbare Diskriminierung aus Gründen der Rasse oder der ethnischen Herkunft in den von der Richtlinie abgedeckten Bereichen gemeinschaftsweit untersagt werden. Dieses Diskriminierungsverbot sollte auch hinsichtlich Drittstaatsangehörigen angewandt werden, betrifft jedoch keine Ungleichbehandlungen aufgrund der Staatsangehörigkeit und läßt die Vorschriften über die Einreise und den Aufenthalt von Drittstaatsangehörigen und ihren Zugang zu Beschäftigung und Beruf unberührt.

(14) Bei der Anwendung des Grundsatzes der Gleichbehandlung ohne Ansehen der Rasse oder der ethnischen Herkunft sollte die Gemeinschaft im Einklang mit Artikel 3 Absatz 2 EG-Vertrag bemüht sein, Ungleichheiten zu beseitigen und die Gleichstellung von Männern und Frauen zu fördern, zumal Frauen häufig Opfer mehrfacher Diskriminierungen sind.

(15) Die Beurteilung von Tatbeständen, die auf eine unmittelbare oder mittelbare Diskriminierung schließen lassen, obliegt den einzelstaatlichen gerichtlichen Instanzen oder anderen zuständigen Stellen nach den nationalen Rechtsvorschriften oder Gepflogenheiten. In diesen einzelstaatlichen Vorschriften kann insbesondere vorgesehen sein, daß mittelbare Diskriminierung mit allen Mitteln, einschließlich statistischer Beweise, festzustellen ist.

(16) Es ist wichtig, alle natürlichen Personen gegen Diskriminierung aus Gründen der Rasse oder der ethnischen Herkunft zu schützen. Die Mitgliedstaaten sollten auch, soweit es angemessen ist und im Einklang mit ihren nationalen Gepflogenheiten und Verfahren steht, den Schutz juristischer Personen vorsehen, wenn diese aufgrund der Rasse oder der ethnischen Herkunft ihrer Mitglieder Diskriminierungen erleiden.

(17) Das Diskriminierungsverbot sollte nicht der Beibehaltung oder dem Erlaß von Maßnahmen entgegenstehen, mit denen bezweckt wird, Benachteiligungen von Angehörigen einer bestimmten Rasse oder ethnischen Gruppe zu verhindern oder auszugleichen, und diese Maßnahmen können Organisation von Personen einer bestimmten Rasse oder ethnischen Her-

kunft gestatten, wenn deren Zweck hauptsächlich darin besteht, für die besonderen Bedürfnisse dieser Personen einzutreten.

(18) Unter sehr begrenzten Bedingungen kann eine unterschiedliche Behandlung gerechtfertigt sein, wenn ein Merkmal, das mit der Rasse oder ethnischen Herkunft zusammenhängt, eine wesentliche und entscheidende berufliche Anforderung darstellt, sofern es sich um einen legitimen Zweck und eine angemessene Anforderung handelt. Diese Bedingungen sollten in die Informationen aufgenommen werden, die die Mitgliedstaaten der Kommission übermitteln.

(19) Opfer von Diskriminierungen aus Gründen der Rasse oder der ethnischen Herkunft sollten über einen angemessenen Rechtsschutz verfügen. Um einen effektiveren Schutz zu gewährleisten, sollte auch die Möglichkeit bestehen, daß sich Verbände oder andere juristische Personen unbeschadet der nationalen Verfahrensordnung bezüglich der Vertretung und Verteidigung vor Gericht bei einem entsprechenden Beschluß der Mitgliedstaaten im Namen eines Opfers oder zu seiner Unterstützung an einem Verfahren beteiligen.

(20) Voraussetzungen für eine effektive Anwendung des Gleichheitsgrundsatzes sind ein angemessener Schutz vor Viktimisierung.

(21) Eine Änderung der Regeln für die Beweislastverteilung ist geboten, wenn ein glaubhafter Anschein einer Diskriminierung besteht. Zur wirksamen Anwendung des Gleichbehandlungsgrundsatzes ist eine Verlagerung der Beweislast auf die beklagte Partei erforderlich, wenn eine solche Diskriminierung nachgewiesen ist.

(22) Die Mitgliedstaaten können davon absehen, die Regeln für die Beweislastverteilung auf Verfahren anzuwenden, in denen die Ermittlung des Sachverhalts dem Gericht oder der zuständigen Stelle obliegt. Dies betrifft Verfahren, in denen die klagende Partei den Beweis des Sachverhalts, dessen Ermittlung dem Gericht oder der zuständigen Stelle obliegt, nicht anzutreten braucht.

(23) Die Mitgliedstaaten sollten den Dialog zwischen den Sozialpartnern und mit Nichtregierungsorganisationen fördern, mit dem Ziel, gegen die verschiedenen Formen von Diskriminierung anzugehen und diese zu bekämpfen.

(24) Der Schutz vor Diskriminierung aus Gründen der Rasse oder der ethnischen Herkunft würde verstärkt, wenn es in jedem Mitgliedstaat eine Stelle bzw. Stellen gäbe, die für die Analyse der mit Diskriminierungen verbundenen Probleme, die Prüfung möglicher Lösungen und die Bereitstellung konkreter Hilfsangebote an die Opfer zuständig wäre.

(25) In dieser Richtlinie werden Mindestanforderungen festgelegt; den Mitgliedstaaten steht es somit frei, günstigere Vorschriften beizubehalten

oder einzuführen. Die Umsetzung der Richtlinie darf nicht als Rechtfertigung für eine Absenkung des in den Mitgliedstaaten bereits bestehenden Schutzniveaus benutzt werden.

(26) Die Mitgliedstaaten sollten wirksame, verhältnismäßige und abschreckende Sanktionen für den Fall vorsehen, daß gegen die aus der Richtlinie erwachsenden Verpflichtungen verstoßen wird.

(27) Die Mitgliedstaaten können den Sozialpartnern auf deren gemeinsamen Antrag die Durchführung der Bestimmungen dieser Richtlinie übertragen, die in den Anwendungsbereich von Tarifverträgen fallen, sofern sie alle erforderlichen Maßnahmen treffen, um jederzeit gewährleisten zu können, daß die durch diese Richtlinie vorgeschriebenen Ergebnisse erzielt werden.

(28) Entsprechend dem in Artikel 5 EG-Vertrag niedergelegten Subsidiaritäts- und Verhältnismäßigkeitsprinzip kann das Ziel dieser Richtlinie, nämlich ein einheitliches, hohes Niveau des Schutzes vor Diskriminierungen in allen Mitgliedstaaten zu gewährleisten, auf der Ebene der Mitgliedstaaten nicht ausreichend erreicht werden; es kann daher wegen des Umfangs und der Wirkung der vorgeschlagenen Maßnahme besser auf Gemeinschaftsebene verwirklicht werden. Diese Richtlinie geht nicht über das für die Erreichung dieser Ziele erforderliche Maß hinaus –

HAT FOLGENDE RICHTLINIE ERLASSEN:

Kapitel I
Allgemeine Bestimmungen

Artikel 1
Zweck

Zweck dieser Richtlinie ist die Schaffung eines Rahmens zur Bekämpfung der Diskriminierung aufgrund der Rasse oder der ethnischen Herkunft im Hinblick auf die Verwirklichung des Grundsatzes der Gleichbehandlung in den Mitgliedstaaten.

Artikel 2
Der Begriff »Diskriminierung«

(1) Im Sinne dieser Richtlinie bedeutet »Gleichbehandlungsgrundsatz«, daß es keine unmittelbare oder mittelbare Diskriminierung aus Gründen der Rasse oder der ethnischen Herkunft geben darf.

(2) Im Sinne von Absatz 1
a) liegt eine unmittelbare Diskriminierung vor, wenn eine Person aufgrund ihrer Rasse oder ethnischen Herkunft in einer vergleichbaren Situation eine weniger günstige Behandlung als eine andere Person erfährt, erfahren hat oder erfahren würde;
b) liegt eine mittelbare Diskriminierung vor, wenn dem Anschein nach neutrale Vorschriften, Kriterien oder Verfahren Personen, die einer Rasse oder ethnischen Gruppe angehören, in besonderer Weise benachteiligen können, es sei denn, die betreffenden Vorschriften, Kriterien oder Verfahren sind durch ein rechtmäßiges Ziel sachlich gerechtfertigt, und die Mittel sind zur Erreichung dieses Ziels angemessen und erforderlich.

(3) Unerwünschte Verhaltensweisen, die im Zusammenhang mit der Rasse oder der ethnischen Herkunft einer Person stehen und bezwecken oder bewirken, daß die Würde der betreffenden Person verletzt und ein von Einschüchterungen, Anfeindungen, Erniedrigungen, Entwürdigungen oder Beleidigungen gekennzeichnetes Umfeld geschaffen wird, sind Belästigungen, die als Diskriminierung im Sinne von Absatz 1 gelten. In diesem Zusammenhang können die Mitgliedstaaten den Begriff »Belästigung« im Einklang mit den einzelstaatlichen Rechtsvorschriften und Gepflogenheiten definieren.

(4) Die Anweisung zur Diskriminierung einer Person aus Gründen der Rasse oder der ethnischen Herkunft gilt als Diskriminierung im Sinne von Absatz 1.

Artikel 3
Geltungsbereich

(1) Im Rahmen der auf die Gemeinschaft übertragenen Zuständigkeiten gilt diese Richtlinie für alle Personen in öffentlichen und privaten Bereichen, einschließlich öffentlicher Stellen, in bezug auf:
a) die Bedingungen – einschließlich Auswahlkriterien und Einstellungsbedingungen – für den Zugang zu unselbständiger und selbständiger Erwerbstätigkeit, unabhängig von Tätigkeitsfeld und beruflicher Position, sowie für den beruflichen Aufstieg;
b) den Zugang zu allen Formen und allen Ebenen der Berufsberatung, der Berufsausbildung, der beruflichen Weiterbildung und der Umschulung einschließlich der praktischen Berufserfahrung;
c) die Beschäftigungs- und Arbeitsbedingungen, einschließlich Entlassungsbedingungen und Arbeitsentgelt;

d) die Mitgliedschaft und Mitwirkung in einer Arbeitnehmer oder Arbeitgeberorganisation oder einer Organisation, deren Mitglieder einer bestimmten Berufsgruppe angehören, einschließlich der Innanspruchnahme der Leistungen solcher Organisationen;
e) den Sozialschutz, einschließlich der sozialen Sicherheit und der Gesundheitsdienste;
f) die sozialen Vergünstigungen;
g) die Bildung;
h) den Zugang zu und die Versorgung mit Gütern und Dienstleistungen, die der Öffentlichkeit zur Verfügung stehen, einschließlich von Wohnraum.

(2) Diese Richtlinie betrifft nicht unterschiedliche Behandlungen aus Gründen der Staatsangehörigkeit und berührt nicht die Vorschriften und Bedingungen für die Einreise von Staatsangehörigen dritter Staaten oder staatenlosen Personen in das Hoheitsgebiet der Mitgliedstaaten oder deren Aufenthalt in diesem Hoheitsgebiet sowie eine Behandlung, die sich aus der Rechtsstellung von Staatsangehörigen dritter Staaten oder staatenlosen Personen ergibt.

Artikel 4
Wesentliche und entscheidende berufliche Anforderungen

Ungeachtet des Artikels 2 Absätze 1 und 2 können die Mitgliedstaaten vorsehen, daß eine Ungleichbehandlung aufgrund eines mit der Rasse oder der ethnischen Herkunft zusammenhängenden Merkmals keine Diskriminierung darstellt, wenn das betreffende Merkmal aufgrund der Art einer bestimmten beruflichen Tätigkeit oder der Rahmenbedingungen ihrer Ausübung eine wesentliche und entscheidende berufliche Voraussetzung darstellt und sofern es sich um einen rechtmäßigen Zweck und eine angemessene Anforderung handelt.

Artikel 5
Positive Maßnahmen

Der Gleichbehandlungsgrundsatz hindert die Mitgliedstaaten nicht daran, zur Gewährleistung der vollen Gleichstellung in der Praxis spezifische Maßnahmen, mit denen Benachteiligungen aufgrund der Rasse oder ethnischen Herkunft verhindert oder ausgeglichen werden, beizubehalten oder zu beschließen.

Artikel 6
Mindestanforderungen

(1) Es bleibt den Mitgliedstaaten unbenommen, Vorschriften einzuführen oder beizubehalten, die im Hinblick auf die Wahrung des Gleichbehandlungsgrundsatzes günstiger als die in dieser Richtlinie vorgesehenen Vorschriften sind.

(2) Die Umsetzung dieser Richtlinie darf keinesfalls als Rechtfertigung für eine Absenkung des von den Mitgliedstaaten bereits garantierten Schutzniveaus in bezug auf Diskriminierungen in den von der Richtlinie abgedeckten Bereichen benutzt werden.

Kapitel II
Rechtsbehelfe und Rechtsdurchsetzung

Artikel 7
Rechtsschutz

(1) Die Mitgliedstaaten stellen sicher, daß alle Personen, die sich durch die Nichtanwendung des Gleichbehandlungsgrundsatzes in ihren Rechten für verletzt halten, ihre Ansprüche aus dieser Richtlinie auf dem Gerichts- und/oder Verwaltungsweg sowie, wenn die Mitgliedstaaten es für angezeigt halten, in Schlichtungsverfahren geltend machen können, selbst wenn das Verhältnis, während dessen die Diskriminierung vorgekommen sein soll, bereits beendet ist.

(2) Die Mitgliedstaaten stellen sicher, daß Verbände, Organisationen oder andere juristische Personen, die gemäß den in ihrem einzelstaatlichen Recht festgelegten Kriterien ein rechtmäßiges Interesse daran haben, für die Einhaltung der Bestimmungen dieser Richtlinie zu sorgen, sich entweder im Namen der beschwerten Person oder zu deren Unterstützung und mit deren Einwilligung an den in dieser Richtlinie zur Durchsetzung der Ansprüche vorgesehenen Gerichts- und/oder Verwaltungsverfahren beteiligen können.

(3) Die Absätze 1 und 2 lassen einzelstaatliche Regelungen über Fristen für die Rechtsverfolgung betreffend den Gleichbehandlungsgrundsatz unberührt.

Artikel 8
Beweislast

(1) Die Mitgliedstaaten ergreifen im Einklang mit ihrem nationalen Gerichtswesen die erforderlichen Maßnahmen, um zu gewährleisten, daß immer dann, wenn Personen, die sich durch die Nichtanwendung des Gleichbehandlungsgrundsatzes für verletzt halten und bei einem Gericht oder einer anderen zuständigen Stelle Tatsachen glaubhaft machen, die das Vorliegen einer unmittelbaren oder mittelbaren Diskriminierung vermuten lassen, es dem Beklagten obliegt zu beweisen, daß keine Verletzung des Gleichbehandlungsgrundsatzes vorgelegen hat.

(2) Absatz 1 läßt das Recht der Mitgliedstaaten, eine für den Kläger günstigere Beweislastregelung vorzusehen, unberührt.

(3) Absatz 1 gilt nicht für Strafverfahren.

(4) Die Absätze 1, 2 und 3 gelten auch für Verfahren gemäß Artikel 7 Absatz 2.

(5) Die Mitgliedstaaten können davon absehen, Absatz 1 auf Verfahren anzuwenden, in denen die Ermittlung des Sachverhalts dem Gericht oder der zuständigen Stelle obliegt.

Artikel 9
Viktimisierung

Die Mitgliedstaaten treffen im Rahmen ihrer nationalen Rechtsordnung die erforderlichen Maßnahmen, um den einzelnen vor Benachteiligungen zu schützen, die als Reaktion auf eine Beschwerde oder auf die Einleitung eines Verfahrens zur Durchsetzung des Gleichbehandlungsgrundsatzes erfolgen.

Artikel 10
Unterrichtung

Die Mitgliedstaaten tragen dafür Sorge, daß die gemäß dieser Richtlinie getroffenen Maßnahmen sowie die bereits geltenden einschlägigen Vorschriften allen Betroffenen in geeigneter Form in ihrem Hoheitsgebiet bekanntgemacht werden.

Artikel 11
Sozialer Dialog

(1) Die Mitgliedstaaten treffen im Einklang mit den nationalen Gepflogenheiten und Verfahren geeignete Maßnahmen zur Förderung des sozialen Dialogs zwischen Arbeitgebern und Arbeitnehmern, mit dem Ziel, die Verwirklichung des Gleichbehandlungsgrundsatzes durch Überwachung der betrieblichen Praxis, durch Tarifverträge, Verhaltenskodizes, Forschungsarbeiten oder durch einen Austausch von Erfahrungen und bewährten Lösungen voranzubringen.

(2) Soweit vereinbar mit den nationalen Gepflogenheiten und Verfahren, fordern die Mitgliedstaaten Arbeitgeber und Arbeitnehmer ohne Eingriff in deren Autonomie auf, auf geeigneter Ebene Antidiskriminierungsvereinbarungen zu schließen, die die in Artikel 3 genannten Bereiche betreffen, soweit diese in den Verantwortungsbereich der Tarifparteien fallen. Die Vereinbarungen müssen den in dieser Richtlinie festgelegten Mindestanforderungen sowie den einschlägigen nationalen Durchführungsbestimmungen entsprechen.

Artikel 12
Dialog mit Nichtregierungsorganisationen

Die Mitgliedstaaten fördern den Dialog mit geeigneten Nichtregierungsorganisationen, die gemäß ihren nationalen Rechtsvorschriften und Gepflogenheiten ein rechtmäßiges Interesse daran haben, sich an der Bekämpfung von Diskriminierung aus Gründen der Rasse oder der ethnischen Herkunft zu beteiligen, um den Grundsatz der Gleichbehandlung zu fördern.

Kapitel III
Mit der Förderung der Gleichbehandlung befasste Stellen

Artikel 13

(1) Jeder Mitgliedstaat bezeichnet eine oder mehrere Stellen, deren Aufgabe darin besteht, die Verwirklichung des Grundsatzes der Gleichbehandlung aller Personen ohne Diskriminierung aufgrund der Rasse oder der ethni-

schen Herkunft zu fördern. Diese Stellen können Teil einer Einrichtung sein, die auf nationaler Ebene für den Schutz der Menschenrechte oder der Rechte des einzelnen zuständig ist.
(2) Die Mitgliedstaaten stellen sicher, daß es zu den Zuständigkeiten dieser Stellen gehört,
– unbeschadet der Rechte der Opfer und der Verbände, der Organisationen oder anderer juristischer Personen nach Artikel 7 Absatz 2 die Opfer von Diskriminierungen auf unabhängige Weise dabei zu unterstützen, ihrer Beschwerde wegen Diskriminierung nachzugehen;
– unabhängige Untersuchungen zum Thema der Diskriminierung durchzuführen;
– unabhängige Berichte zu veröffentlichen und Empfehlungen zu allen Aspekten vorzulegen, die mit diesen Diskriminierungen in Zusammenhang stehen.

Kapitel IV
Schlußbestimmungen

Artikel 14
Einhaltung

Die Mitgliedstaaten treffen die erforderlichen Maßnahmen, um sicherzustellen,
a) daß sämtliche Rechts- und Verwaltungsvorschriften, die dem Gleichbehandlungsgrundsatz zuwiderlaufen, aufgehoben werden;
b) daß sämtliche mit dem Gleichbehandlungsgrundsatz nicht zu vereinbarenden Bestimmungen in Einzel- oder Kollektivverträgen oder -vereinbarungen, Betriebsordnungen, Statuten von Vereinigungen mit oder ohne Erwerbszweck sowie Statuten der freien Berufe und der Arbeitnehmer- und Arbeitgeberorganisationen für nichtig erklärt werden oder erklärt werden können oder geändert werden.

Artikel 15
Sanktionen

Die Mitgliedstaaten legen die Sanktionen fest, die bei einem Verstoß gegen die einzelstaatlichen Vorschriften zur Anwendung dieser Richtlinie zu verhängen sind, und treffen alle geeigneten Maßnahmen, um deren Durchsetzung zu gewährleisten. Die Sanktionen, die auch Schadenersatzleistungen an die Opfer umfassen können, müssen wirksam, verhältnismäßig und abschreckend sein. Die Mitgliedstaaten teilen der Kommission diese Bestimmungen bis zum 19. Juli 2003 mit und melden alle sie betreffenden Änderungen unverzüglich.

Artikel 16
Umsetzung

Die Mitgliedstaaten erlassen die erforderlichen Rechts- und Verwaltungsvorschriften, um dieser Richtlinie bis zum 19. Juli 2003 nachzukommen, oder können den Sozialpartnern auf deren gemeinsamen Antrag die Durchführung der Bestimmungen dieser Richtlinie übertragen, die in den Anwendungsbereich von Tarifverträgen fallen. In diesem Fall gewährleisten die Mitgliedstaaten, daß die Sozialpartner bis zum 19. Juli 2003 im Wege einer Vereinbarung die erforderlichen Maßnahmen getroffen haben; dabei haben die Mitgliedstaaten alle erforderlichen Maßnahmen zu treffen, um jederzeit gewährleisten zu können, daß die durch diese Richtlinie vorgeschriebenen Ergebnisse erzielt werden. Sie setzen die Kommission unverzüglich davon in Kenntnis.

Wenn die Mitgliedstaaten derartige Vorschriften erlassen, nehmen sie in den Vorschriften selbst oder durch einen Hinweis bei der amtlichen Veröffentlichung auf diese Richtlinie Bezug. Die Mitgliedstaaten regeln die Einzelheiten der Bezugnahme.

Artikel 17
Bericht

(1) Bis zum 19. Juli 2005 und in der Folge alle fünf Jahre übermitteln die Mitgliedstaaten der Kommission sämtliche Informationen, die diese für die Erstellung eines dem Europäischen Parlament und dem Rat vorzulegenden Berichts über die Anwendung dieser Richtlinie benötigt.

(2) Die Kommission berücksichtigt in ihrem Bericht in angemessener Weise die Ansichten der Europäischen Stelle zur Beobachtung von Rassismus und Fremdenfeindlichkeit sowie die Standpunkte der Sozialpartner und der einschlägigen Nichtregierungsorganisationen. Im Einklang mit dem

Grundsatz der Berücksichtigung geschlechterspezifischer Fragen wird ferner in dem Bericht die Auswirkung der Maßnahmen auf Frauen und Männer bewertet. Unter Berücksichtigung der übermittelten Informationen enthält der Bericht gegebenenfalls auch Vorschläge für eine Änderung und Aktualisierung dieser Richtlinie.

Artikel 18
Inkrafttreten

Diese Richtlinie tritt am Tag ihrer Veröffentlichung im *Amtsblatt der Europäischen Gemeinschaften* in Kraft.

Artikel 19
Adressaten

Diese Richtlinie ist an die Mitgliedstaaten gerichtet.

Anhang III
Rahmenrichtlinie

vom 27.11.2000

Richtlinie 2000/78/EG des Rates

zur Festlegung eines allgemeinen Rahmens für die Verwirklichung der Gleichbehandlung in Beschäftigung und Beruf

DER RAT DER EUROPÄISCHEN UNION (...) HAT FOLGENDE RICHTLINIE ERLASSEN:

Kapitel I
Allgemeine Bestimmungen

Artikel 1 Zweck

Zweck dieser Richtlinie ist die Schaffung eines allgemeinen Rahmens zur Bekämpfung der Diskriminierung wegen der Religion oder der Weltanschauung, einer Behinderung, des Alters oder der sexuellen Ausrichtung in Beschäftigung und Beruf im Hinblick auf die Verwirklichung des Grundsatzes der Gleichbehandlung in den Mitgliedstaaten.

Artikel 2
Der Begriff »Diskriminierung«

(1) Im Sinne dieser Richtlinie bedeutet »Gleichbehandlungsgrundsatz«, dass es keine unmittelbare oder mittelbare Diskriminierung wegen eines der in Artikel 1 genannten Gründe geben darf.
(2) Im Sinne des Absatzes 1
a) liegt eine unmittelbare Diskriminierung vor, wenn eine Person wegen eines der in Artikel 1 genannten Gründe in einer vergleichbaren Situation

eine weniger günstige Behandlung erfährt, als eine andere Person erfährt, erfahren hat oder erfahren würde;
b) liegt eine mittelbare Diskriminierung vor, wenn dem Anschein nach neutrale Vorschriften, Kriterien oder Verfahren Personen mit einer bestimmten Religion oder Weltanschauung, einer bestimmten Behinderung, eines bestimmten Alters oder mit einer bestimmten sexuellen Ausrichtung gegenüber anderen Personen in besonderer Weise benachteiligen können, es sei denn:
i) diese Vorschriften, Kriterien oder Verfahren sind durch ein rechtmäßiges Ziel sachlich gerechtfertigt, und die Mittel sind zur Erreichung dieses Ziels angemessen und erforderlich, oder
ii) der Arbeitgeber oder jede Person oder Organisation, auf die diese Richtlinie Anwendung findet, ist im Falle von Personen mit einer bestimmten Behinderung aufgrund des einzelstaatlichen Rechts verpflichtet, geeignete Maßnahmen entsprechend den in Artikel 5 enthaltenen Grundsätzen vorzusehen, um die sich durch diese Vorschrift, dieses Kriterium oder dieses Verfahren ergebenden Nachteile zu beseitigen.

(3) Unerwünschte Verhaltensweisen, die mit einem der Gründe nach Artikel 1 in Zusammenhang stehen und bezwekken oder bewirken, dass die Würde der betreffenden Person verletzt und ein von Einschüchterungen, Anfeindungen, Erniedrigungen, Entwürdigungen oder Beleidigungen gekennzeichnetes Umfeld geschaffen wird, sind Belästigungen, die als Diskriminierung im Sinne von Absatz 1 gelten. In diesem Zusammenhang können die Mitgliedstaaten den Begriff »Belästigung« im Einklang mit den einzelstaatlichen Rechtsvorschriften und Gepflogenheiten definieren.

(4) Die Anweisung zur Diskriminierung einer Person wegen eines der Gründe nach Artikel 1 gilt als Diskriminierung im Sinne des Absatzes 1.

(5) Diese Richtlinie berührt nicht die im einzelstaatlichen Recht vorgesehenen Maßnahmen, die in einer demokratischen Gesellschaft für die Gewährleistung der öffentlichen Sicherheit, die Verteidigung der Ordnung und die Verhütung von Straftaten, zum Schutz der Gesundheit und zum Schutz der Rechte und Freiheiten anderer notwendig sind.

Artikel 3
Geltungsbereich

(1) Im Rahmen der auf die Gemeinschaft übertragenen Zuständigkeiten gilt diese Richtlinie für alle Personen in öffentlichen und privaten Bereichen, einschließlich öffentlicher Stellen, in Bezug auf

a) die Bedingungen – einschließlich Auswahlkriterien und Einstellungsbedingungen – für den Zugang zu unselbständiger und selbständiger Erwerbstätigkeit, unabhängig von Tätigkeitsfeld und beruflicher Position, einschließlich des beruflichen Aufstiegs;
b) den Zugang zu allen Formen und allen Ebenen der Berufsberatung, der Berufsausbildung, der beruflichen Weiterbildung und der Umschulung, einschließlich der praktischen Berufserfahrung;
c) die Beschäftigungs- und Arbeitsbedingungen, einschließlich der Entlassungsbedingungen und des Arbeitsentgelts;
d) die Mitgliedschaft und Mitwirkung in einer Arbeitnehmeroder Arbeitgeberorganisation oder einer Organisation, deren Mitglieder einer bestimmten Berufsgruppe angehören, einschließlich der Inanspruchnahme der Leistungen solcher Organisationen.

(2) Diese Richtlinie betrifft nicht unterschiedliche Behandlungen aus Gründen der Staatsangehörigkeit und berührt nicht die Vorschriften und Bedingungen für die Einreise von Staatsangehörigen dritter Länder oder staatenlosen Personen in das Hoheitsgebiet der Mitgliedstaaten oder deren Aufenthalt in diesem Hoheitsgebiet sowie eine Behandlung, die sich aus der Rechtsstellung von Staatsangehörigen dritter Länder oder staatenlosen Personen ergibt.

(3) Diese Richtlinie gilt nicht für Leistungen jeder Art seitens der staatlichen Systeme oder der damit gleichgestellten Systeme einschließlich der staatlichen Systeme der sozialen Sicherheit oder des sozialen Schutzes.

(4) Die Mitgliedstaaten können vorsehen, dass diese Richtlinie hinsichtlich von Diskriminierungen wegen einer Behinderung und des Alters nicht für die Streitkräfte gilt.

Artikel 4
Berufliche Anforderungen

(1) Ungeachtet des Artikels 2 Absätze 1 und 2 können die Mitgliedstaaten vorsehen, dass eine Ungleichbehandlung wegen eines Merkmals, das im Zusammenhang mit einem der in Artikel 1 genannten Diskriminierungsgründen steht, keine Diskriminierung darstellt, wenn das betreffende Merkmal aufgrund der Art einer bestimmten beruflichen Tätigkeit oder der Bedingungen ihrer Ausübung eine wesentliche und entscheidende berufliche Anforderung darstellt, sofern es sich um einen rechtmäßigen Zweck und eine angemessene Anforderung handelt.

(2) Die Mitgliedstaaten können in Bezug auf berufliche Tätigkeiten innerhalb von Kirchen und anderen öffentlichen oder privaten Organisatio-

nen, deren Ethos auf religiösen Grundsätzen oder Weltanschauungen beruht, Bestimmungen in ihren zum Zeitpunkt der Annahme dieser Richtlinie geltenden Rechtsvorschriften beibehalten oder in künftigen Rechtsvorschriften Bestimmungen vorsehen, die zum Zeitpunkt der Annahme dieser Richtlinie bestehende einzelstaatliche Gepflogenheiten widerspiegeln und wonach eine Ungleichbehandlung wegen der Religion oder Weltanschauung einer Person keine Diskriminierung darstellt, wenn die Religion oder die Weltanschauung dieser Person nach der Art dieser Tätigkeiten oder der Umstände ihrer Ausübung eine wesentliche, rechtmäßige und gerechtfertigte berufliche Anforderung angesichts des Ethos der Organisation darstellt. Eine solche Ungleichbehandlung muss die verfassungsrechtlichen Bestimmungen und Grundsätze der Mitgliedstaaten sowie die allgemeinen Grundsätze des Gemeinschaftsrechts beachten und rechtfertigt keine Diskriminierung aus einem anderen Grund.

Sofern die Bestimmungen dieser Richtlinie im übrigen eingehalten werden, können die Kirchen und anderen öffentlichen oder privaten Organisationen, deren Ethos auf religiösen Grundsätzen oder Weltanschauungen beruht, im Einklang mit den einzelstaatlichen verfassungsrechtlichen Bestimmungen und Rechtsvorschriften von den für sie arbeitenden Personen verlangen, dass sie sich loyal und aufrichtig im Sinne des Ethos der Organisation verhalten.

Artikel 5
Angemessene Vorkehrungen für Menschen mit Behinderung

Um die Anwendung des Gleichbehandlungsgrundsatzes auf Menschen mit Behinderung zu gewährleisten, sind angemessene Vorkehrungen zu treffen. Das bedeutet, dass der Arbeitgeber die geeigneten und im konkreten Fall erforderlichen Maßnahmen ergreift, um den Menschen mit Behinderung den Zugang zur Beschäftigung, die Ausübung eines Berufes, den beruflichen Aufstieg und die Teilnahme an Aus- und Weiterbildungsmaßnahmen zu ermöglichen, es sei denn, diese Maßnahmen würden den Arbeitgeber unverhältnismäßig belasten. Diese Belastung ist nicht unverhältnismäßig, wenn sie durch geltende Maßnahmen im Rahmen der Behindertenpolitik des Mitgliedstaates ausreichend kompensiert wird.

Artikel 6
Gerechtfertigte Ungleichbehandlung wegen des Alters

(1) Ungeachtet des Artikels 2 Absatz 2 können die Mitgliedstaaten vorsehen, dass Ungleichbehandlungen wegen des Alters keine Diskriminierung darstellen, sofern sie objektiv und angemessen sind und im Rahmen des nationalen Rechts durch ein legitimes Ziel, worunter insbesondere rechtmäßige Ziele aus den Bereichen Beschäftigungspolitik, Arbeitsmarkt und berufliche Bildung zu verstehen sind, gerechtfertigt sind und die Mittel zur Erreichung dieses Ziels angemessen und erforderlich sind.

Derartige Ungleichbehandlungen können insbesondere Folgendes einschließen:

a) die Festlegung besonderer Bedingungen für den Zugang zur Beschäftigung und zur beruflichen Bildung sowie besonderer Beschäftigungs- und Arbeitsbedingungen, einschließlich der Bedingungen für Entlassung und Entlohnung, um die berufliche Eingliederung von Jugendlichen, älteren Arbeitnehmern und Personen mit Fürsorgepflichten zu fördern oder ihren Schutz sicherzustellen;

b) die Festlegung von Mindestanforderungen an das Alter, die Berufserfahrung oder das Dienstalter für den Zugang zur Beschäftigung oder für bestimmte mit der Beschäftigung verbundene Vorteile;

c) die Festsetzung eines Höchstalters für die Einstellung aufgrund der spezifischen Ausbildungsanforderungen eines bestimmten Arbeitsplatzes oder aufgrund der Notwendigkeit einer angemessenen Beschäftigungszeit vor dem Eintritt in den Ruhestand.

(2) Ungeachtet des Artikels 2 Absatz 2 können die Mitgliedstaaten vorsehen, dass bei den betrieblichen Systemen der sozialen Sicherheit die Festsetzung von Altersgrenzen als Voraussetzung für die Mitgliedschaft oder den Bezug von Altersrente oder von Leistungen bei Invalidität einschließlich der Festsetzung unterschiedlicher Altersgrenzen im Rahmen dieser Systeme für bestimmte Beschäftigte oder Gruppen bzw. Kategorien von Beschäftigten und die Verwendung im Rahmen dieser Systeme von Alterskriterien für versicherungsmathematische Berechnungen keine Diskriminierung wegen des Alters darstellt, solange dies nicht zu Diskriminierungen wegen des Geschlechts führt.

Artikel 7
Positive und spezifische Maßnahmen

(1) Der Gleichbehandlungsgrundsatz hindert die Mitgliedstaaten nicht daran, zur Gewährleistung der völligen Gleichstellung im Berufsleben spezifische Maßnahmen beizubehalten oder einzuführen, mit denen Benachteiligungen wegen eines in Artikel 1 genannten Diskriminierungsgrunds verhindert oder ausgeglichen werden.

(2) Im Falle von Menschen mit Behinderung steht der Gleichbehandlungsgrundsatz weder dem Recht der Mitgliedstaaten entgegen, Bestimmungen zum Schutz der Gesundheit und der Sicherheit am Arbeitsplatz beizubehalten oder zu erlassen, noch steht er Maßnahmen entgegen, mit denen Bestimmungen oder Vorkehrungen eingeführt oder beibehalten werden sollen, die einer Eingliederung von Menschen mit Behinderung in die Arbeitswelt dienen oder diese Eingliederung fördern.

Artikel 8
Mindestanforderungen

(1) Die Mitgliedstaaten können Vorschriften einführen oder beibehalten, die im Hinblick auf die Wahrung des Gleichbehandlungsgrundsatzes günstiger als die in dieser Richtlinie vorgesehenen Vorschriften sind.

(2) Die Umsetzung dieser Richtlinie darf keinesfalls als Rechtfertigung für eine Absenkung des von den Mitgliedstaaten bereits garantierten allgemeinen Schutzniveaus in Bezug auf Diskriminierungen in den von der Richtlinie abgedeckten Bereichen benutzt werden.

Kapitel II
Rechtsbehelfe und Rechtsdurchsetzung

Artikel 9
Rechtsschutz

(1) Die Mitgliedstaaten stellen sicher, dass alle Personen, die sich durch die Nichtanwendung des Gleichbehandlungsgrundsatzes in ihren Rechten für verletzt halten, ihre Ansprüche aus dieser Richtlinie auf dem Gerichts- und/oder Verwaltungsweg sowie, wenn die Mitgliedstaaten es für angezeigt

Anhang III Rahmenrichtlinie

halten, in Schlichtungsverfahren geltend machen können, selbst wenn das Verhältnis, während dessen die Diskriminierung vorgekommen sein soll, bereits beendet ist.

(2) Die Mitgliedstaaten stellen sicher, dass Verbände, Organisationen oder andere juristische Personen, die gemäß den in ihrem einzelstaatlichen Recht festgelegten Kriterien ein rechtmäßiges Interesse daran haben, für die Einhaltung der Bestimmungen dieser Richtlinie zu sorgen, sich entweder im Namen der beschwerten Person oder zu deren Unterstützung und mit deren Einwilligung an den in dieser Richtlinie zur Durchsetzung der Ansprüche vorgesehenen Gerichts- und/oder Verwaltungsverfahren beteiligen können.

(3) Die Absätze 1 und 2 lassen einzelstaatliche Regelungen über Fristen für die Rechtsverfolgung betreffend den Gleichbehandlungsgrundsatz unberührt.

Artikel 10
Beweislast

(1) Die Mitgliedstaaten ergreifen im Einklang mit ihrem nationalen Gerichtswesen die erforderlichen Maßnahmen, um zu gewährleisten, dass immer dann, wenn Personen, die sich durch die Nichtanwendung des Gleichbehandlungsgrundsatzes für verletzt halten und bei einem Gericht oder einer anderen zuständigen Stelle Tatsachen glaubhaft machen, die das Vorliegen einer unmittelbaren oder mittelbaren Diskriminierung vermuten lassen, es dem Beklagten obliegt zu beweisen, dass keine Verletzung des Gleichbehandlungsgrundsatzes vorgelegen hat.

(2) Absatz 1 lässt das Recht der Mitgliedstaaten, eine für den Kläger günstigere Beweislastregelung vorzusehen, unberührt.

(3) Absatz 1 gilt nicht für Strafverfahren.

(4) Die Absätze 1, 2 und 3 gelten auch für Verfahren gemäß Artikel 9 Absatz 2.

(5) Die Mitgliedstaaten können davon absehen, Absatz 1 auf Verfahren anzuwenden, in denen die Ermittlung des Sachverhalts dem Gericht oder der zuständigen Stelle obliegt.

Artikel 11
Viktimisierung

Die Mitgliedstaaten treffen im Rahmen ihrer nationalen Rechtsordnung die erforderlichen Maßnahmen, um die Arbeitnehmer vor Entlassung oder anderen Benachteiligungen durch den Arbeitgeber zu schützen, die als Reaktion auf eine Beschwerde innerhalb des betreffenden Unternehmens oder auf die Einleitung eines Verfahrens zur Durchsetzung des Gleichbehandlungsgrundsatzes erfolgen.

Artikel 12
Unterrichtung

Die Mitgliedstaaten tragen dafür Sorge, dass die gemäß dieser Richtlinie getroffenen Maßnahmen sowie die bereits geltenden einschlägigen Vorschriften allen Betroffenen in geeigneter Form, zum Beispiel am Arbeitsplatz, in ihrem Hoheitsgebiet bekannt gemacht werden.

Artikel 13
Sozialer Dialog

(1) Die Mitgliedstaaten treffen im Einklang mit den einzelstaatlichen Gepflogenheiten und Verfahren geeignete Maßnahmen zur Förderung des sozialen Dialogs zwischen Arbeitgebern und Arbeitnehmern mit dem Ziel, die Verwirklichung des Gleichbehandlungsgrundsatzes durch Überwachung der betrieblichen Praxis, durch Tarifverträge, Verhaltenskodizes, Forschungsarbeiten oder durch einen Austausch von Erfahrungen und bewährten Verfahren, voranzubringen.

(2) Soweit vereinbar mit den einzelstaatlichen Gepflogenheiten und Verfahren, fordern die Mitgliedstaaten Arbeitgeber und Arbeitnehmer ohne Eingriff in deren Autonomie auf, auf geeigneter Ebene Antidiskriminierungsvereinbarungen zu schließen, die die in Artikel 3 genannten Bereiche betreffen, soweit diese in den Verantwortungsbereich der Tarifparteien fallen. Die Vereinbarungen müssen den in dieser Richtlinie sowie den in den einschlägigen nationalen Durchführungsbestimmungen festgelegten Mindestanforderungen entsprechen.

Artikel 14
Dialog mit Nichtregierungsorganisationen

Die Mitgliedstaaten fördern den Dialog mit den jeweiligen Nichtregierungsorganisationen, die gemäß den einzelstaatlichen Rechtsvorschriften und Gepflogenheiten ein rechtmäßiges Interesse daran haben, sich an der

Bekämpfung von Diskriminierung wegen eines der in Artikel 1 genannten Gründe zu beteiligen, um die Einhaltung des Grundsatzes der Gleichbehandlung zu fördern.

Kapitel III
Besondere Bestimmungen

Artikel 15
Nordirland

(1) Angesichts des Problems, dass eine der wichtigsten Religionsgemeinschaften Nordirlands im dortigen Polizeidienst unterrepräsentiert ist, gilt die unterschiedliche Behandlung bei der Einstellung der Bediensteten dieses Dienstes – auch von Hilfspersonal – nicht als Diskriminierung, sofern diese unterschiedliche Behandlung gemäß den einzelstaatlichen Rechtsvorschriften ausdrücklich gestattet ist.

(2) Um eine Ausgewogenheit der Beschäftigungsmöglichkeiten für Lehrkräfte in Nordirland zu gewährleisten und zugleich einen Beitrag zur Überwindung der historischen Gegensätze zwischen den wichtigsten Religionsgemeinschaften Nordirlands zu leisten, finden die Bestimmungen dieser Richtlinie über Religion oder Weltanschauung keine Anwendung auf die Einstellung von Lehrkräften in Schulen Nordirlands, sofern dies gemäß den einzelstaatlichen Rechtsvorschriften ausdrücklich gestattet ist.

Kapitel IV
Schlussbestimmungen

Artikel 16
Einhaltung

Die Mitgliedstaaten treffen die erforderlichen Maßnahmen, um sicherzustellen, dass
a) die Rechts- und Verwaltungsvorschriften, die dem Gleichbehandlungsgrundsatz zuwiderlaufen, aufgehoben werden;
b) die mit dem Gleichbehandlungsgrundsatz nicht zu vereinbarenden Bestimmungen in Arbeits- und Tarifverträgen, Betriebsordnungen und Sta-

tuten der freien Berufe und der Arbeitgeber- und Arbeitnehmerorganisationen für nichtig erklärt werden oder erklärt werden können oder geändert werden.

Artikel 17
Sanktionen

Die Mitgliedstaaten legen die Sanktionen fest, die bei einem Verstoß gegen die einzelstaatlichen Vorschriften zur Anwendung dieser Richtlinie zu verhängen sind, und treffen alle erforderlichen Maßnahmen, um deren Durchführung zu gewährleisten. Die Sanktionen, die auch Schadenersatzleistungen an die Opfer umfassen können, müssen wirksam, verhältnismäßig und abschreckend sein. Die Mitgliedstaaten teilen diese Bestimmungen der Kommission spätestens am 2. Dezember 2003 mit und melden alle sie betreffenden späteren Änderungen unverzüglich.

Artikel 18
Umsetzung der Richtlinie

Die Mitgliedstaaten erlassen die erforderlichen Rechts- und Verwaltungsvorschriften, um dieser Richtlinie spätestens zum 2. Dezember 2003 nachzukommen, oder können den Sozialpartnern auf deren gemeinsamen Antrag die Durchführung der Bestimmungen dieser Richtlinie übertragen, die in den Anwendungsbereich von Tarifverträgen fallen. In diesem Fall gewährleisten die Mitgliedstaaten, dass die Sozialpartner spätestens zum 2. Dezember 2003 im Weg einer Vereinbarung die erforderlichen Maßnahmen getroffen haben; dabei haben die Mitgliedstaaten alle erforderlichen Maßnahmen zu treffen, um jederzeit gewährleisten zu können, dass die durch diese Richtlinie vorgeschriebenen Ergebnisse erzielt werden. Sie setzen die Kommission unverzüglich davon in Kenntnis.

Um besonderen Bedingungen Rechnung zu tragen, können die Mitgliedstaaten erforderlichenfalls eine Zusatzfrist von drei Jahren ab dem 2. Dezember 2003, d.h. insgesamt sechs Jahre, in Anspruch nehmen, um die Bestimmungen dieser Richtlinie über die Diskriminierung wegen des Alters und einer Behinderung umzusetzen. In diesem Fall setzen sie die Kommission unverzüglich davon in Kenntnis. Ein Mitgliedstaat, der die Inanspruchnahme dieser Zusatzfrist beschließt, erstattet der Kommission jährlich Bericht über die von ihm ergriffenen Maßnahmen zur Bekämpfung der Diskriminierung wegen des Alters und einer Behinderung und über die Fortschritte, die bei der Umsetzung der Richtlinie erzielt werden konnten. Die Kommission erstattet dem Rat jährlich Bericht.

Wenn die Mitgliedstaaten derartige Vorschriften erlassen, nehmen sie in den Vorschriften selbst oder durch einen Hinweis bei der amtlichen Veröffentlichung auf diese Richtlinie Bezug. Die Mitgliedstaaten regeln die Einzelheiten der Bezugnahme.

Artikel 19
Bericht

(1) Bis zum 2. Dezember 2005 und in der Folge alle fünf Jahre übermitteln die Mitgliedstaaten der Kommission sämtliche Informationen, die diese für die Erstellung eines dem Europäischen Parlament und dem Rat vorzulegenden Berichts über die Anwendung dieser Richtlinie benötigt.

(2) Die Kommission berücksichtigt in ihrem Bericht in angemessener Weise die Standpunkte der Sozialpartner und der einschlägigen Nichtregierungsorganisationen. Im Einklang mit dem Grundsatz der systematischen Berücksichtigung geschlechterspezifischer Fragen wird ferner in dem Bericht die Auswirkung der Maßnahmen auf Frauen und Männer bewertet. Unter Berücksichtigung der übermittelten Informationen enthält der Bericht erforderlichenfalls auch Vorschläge für eine Änderung und Aktualisierung dieser Richtlinie.

Artikel 20
Inkrafttreten

Diese Richtlinie tritt am Tag ihrer Veröffentlichung im *Amtsblatt der Europäischen Gemeinschaften* in Kraft.

Artikel 21
Adressaten

Diese Richtlinie ist an die Mitgliedstaaten gerichtet.

Anhang IV
Genderrichtlinie

vom 23.9.2002

Richtlinie 2002/73/EG des Europäischen Parlaments und des Rates

zur Änderung der Richtlinie 76/207/EWG des Rates zur Verwirklichung des Grundsatzes der Gleichbehandlung von Männern und Frauen hinsichtlich des Zugangs zur Beschäftigung, zur Berufsbildung und zum beruflichen Aufstieg sowie in Bezug auf die Arbeitsbedingungen

DAS EUROPÄISCHE PARLAMENT UND DER RAT DER EUROPÄISCHEN UNION (...) HABEN FOLGENDE RICHTLINIE ERLASSEN:

Artikel 1

Die Richtlinie 76/207/EWG wird wie folgt geändert:
1. In Artikel 1 wird folgender Absatz eingefügt:
»(1a) Die Mitgliedstaaten berücksichtigen aktiv das Ziel der Gleichstellung von Frauen und Männern bei der Formulierung und Umsetzung der Rechts- und Verwaltungsvorschriften, Politiken und Tätigkeiten in den in Absatz 1 genannten Bereichen.«
2. Artikel 2 erhält folgende Fassung:
»Artikel 2
(1) Der Grundsatz der Gleichbehandlung im Sinne der nachstehenden Bestimmungen beinhaltet, dass keine unmittelbare oder mittelbare Diskriminierung aufgrund des Geschlechts – insbesondere unter Bezugnahme auf den Ehe- oder Familienstand – erfolgen darf.
(2) Im Sinne dieser Richtlinie bezeichnet der Ausdruck
– ›unmittelbare Diskriminierung‹: wenn eine Person aufgrund ihres Geschlechts in einer vergleichbaren Situation eine weniger günstige Be-

handlung erfährt, als eine andere Person erfährt, erfahren hat oder erfahren würde;
– ›mittelbare Diskriminierung‹: wenn dem Anschein nach neutrale Vorschriften, Kriterien oder Verfahren Personen, die einem Geschlecht angehören, in besonderer Weise gegenüber Personen des anderen Geschlechts benachteiligen können, es sei denn, die betreffenden Vorschriften, Kriterien oder Verfahren sind durch ein rechtmäßiges Ziel sachlich gerechtfertigt und die Mittel sind zur Erreichung dieses Ziels angemessen und erforderlich;
– ›Belästigung‹: wenn unerwünschte geschlechtsbezogene Verhaltensweisen gegenüber einer Person erfolgen, die bezwecken oder bewirken, dass die Würde der betreffenden Person verletzt und ein von Einschüchterungen, Anfeindungen, Erniedrigungen, Entwürdigungen oder Beleidigungen gekennzeichnetes Umfeld geschaffen wird;
– ›sexuelle Belästigung‹: jede Form von unerwünschtem Verhalten sexueller Natur, das sich in unerwünschter verbaler, nicht-verbaler oder physischer Form äußert und das bezweckt oder bewirkt, dass die Würde der betreffenden Person verletzt wird, insbesondere wenn ein von Einschüchterungen, Anfeindungen, Erniedrigungen, Entwürdigungen und Beleidigungen gekennzeichnetes Umfeld geschaffen wird.

(3) Belästigung und sexuelle Belästigung im Sinne dieser Richtlinie gelten als Diskriminierung aufgrund des Geschlechts und sind daher verboten. Die Zurückweisung oder Duldung solcher Verhaltensweisen durch die betreffende Person darf nicht als Grundlage für eine Entscheidung herangezogen werden, die diese Person berührt.

(4) Die Anweisung zur Diskriminierung einer Person aufgrund des Geschlechts gilt als Diskriminierung im Sinne dieser Richtlinie.

(5) Die Mitgliedstaaten ersuchen in Einklang mit ihren nationalen Rechtsvorschriften, Tarifverträgen oder tariflichen Praktiken die Arbeitgeber und die für Berufsbildung zuständigen Personen, Maßnahmen zu ergreifen, um allen Formen der Diskriminierung aufgrund des Geschlechts und insbesondere Belästigung und sexueller Belästigung am Arbeitsplatz vorzubeugen.

(6) Die Mitgliedstaaten können im Hinblick auf den Zugang zur Beschäftigung einschließlich der zu diesem Zweck erfolgenden Berufsbildung vorsehen, dass eine Ungleichbehandlung wegen eines geschlechtsbezogenen Merkmals keine Diskriminierung darstellt, wenn das betreffende Merkmal aufgrund der Art einer bestimmten beruflichen Tätigkeit oder der Bedingungen ihrer Ausübung eine wesentliche und entscheidende berufliche Anforderung darstellt, sofern es sich um einen rechtmäßigen Zweck und eine angemessene Anforderung handelt.

Anhang IV Genderrichtlinie

(7) Diese Richtlinie steht nicht den Vorschriften zum Schutz der Frau, insbesondere bei Schwangerschaft und Mutterschaft, entgegen. Frauen im Mutterschaftsurlaub haben nach Ablauf des Mutterschaftsurlaubs Anspruch darauf, an ihren früheren Arbeitsplatz oder einen gleichwertigen Arbeitsplatz unter Bedingungen, die für sie nicht weniger günstig sind, zurückzukehren, und darauf, dass ihnen auch alle Verbesserungen der Arbeitsbedingungen, auf die sie während ihrer Abwesenheit Anspruch gehabt hätten, zugute kommen.

Die ungünstigere Behandlung einer Frau im Zusammenhang mit Schwangerschaft oder Mutterschaftsurlaub im Sinne der Richtlinie 92/85/EWG gilt als Diskriminierung im Sinne dieser Richtlinie.

Diese Richtlinie berührt nicht die Bestimmungen der Richtlinie 96/34/EG des Rates vom 3. Juni 1996 zu der von UNICE, CEEP und EGB geschlossenen Rahmenvereinbarung über Elternurlaub [1] und der Richtlinie 92/85/EWG des Rates vom 19. Oktober 1992 über die Durchführung von Maßnahmen zur Verbesserung der Sicherheit und des Gesundheitsschutzes von schwangeren Arbeitnehmerinnen, Wöchnerinnen und stillenden Arbeitnehmerinnen am Arbeitsplatz (zehnte Einzelrichtlinie im Sinne des Artikels 16 Absatz 1 der Richtlinie 89/391/EWG)[2]. Sie lässt ferner das Recht der Mitgliedstaaten unberührt, eigene Rechte auf Vaterschaftsurlaub und/oder Adoptionsurlaub anzuerkennen. Die Mitgliedstaaten, die derartige Rechte anerkennen, treffen die erforderlichen Maßnahmen, um Arbeitnehmer und Arbeitnehmerinnen vor Entlassung infolge der Inanspruchnahme dieser Rechte zu schützen, und gewährleisten, dass sie nach Ablauf des Urlaubs Anspruch darauf haben, an ihren früheren Arbeitsplatz oder einen gleichwertigen Arbeitsplatz zurückzukehren, und zwar unter Bedingungen, die für sie nicht weniger günstig sind, und darauf, dass ihnen auch alle Verbesserungen der Arbeitsbedingungen, auf die sie während ihrer Abwesenheit Anspruch gehabt hätten, zugute kommen.

(8) Die Mitgliedstaaten können im Hinblick auf die Gewährleistung der vollen Gleichstellung von Männern und Frauen Maßnahmen im Sinne von Artikel 141 Absatz 4 des Vertrags beibehalten oder beschließen.«

3. Artikel 3 erhält folgende Fassung:
»Artikel 3
(1) Die Anwendung des Grundsatzes der Gleichbehandlung bedeutet, dass es im öffentlichen und privaten Bereich einschließlich öffentlicher Stellen in Bezug auf folgende Punkte keinerlei unmittelbare oder mittelbare Diskriminierung aufgrund des Geschlechts geben darf:

---

1 ABl. L 145 vom 19. 6. 1996, S. 4.
2 ABl. L 348 vom 28. 11. 1992, S. 1.

a) die Bedingungen – einschließlich Auswahlkriterien und Einstellungsbedingungen – für den Zugang zu unselbständiger oder selbständiger Erwerbstätigkeit, unabhängig von Tätigkeitsfeld und beruflicher Position einschließlich des beruflichen Aufstiegs;
b) den Zugang zu allen Formen und allen Ebenen der Berufsberatung, der Berufsausbildung, der beruflichen Weiterbildung und der Umschulung einschließlich der praktischen Berufserfahrung;
c) die Beschäftigungs- und Arbeitsbedingungen einschließlich der Entlassungsbedingungen sowie das Arbeitsentgelt nach Maßgabe der Richtlinie 75/117/EWG;
d) die Mitgliedschaft und Mitwirkung in einer Arbeitnehmer- oder Arbeitgeberorganisation oder einer Organisation, deren Mitglieder einer bestimmten Berufsgruppe angehören, einschließlich der Inanspruchnahme der Leistungen solcher Organisationen.

(2) Zu diesem Zweck treffen die Mitgliedstaaten die erforderlichen Maßnahmen, um sicherzustellen, dass
a) die Rechts- und Verwaltungsvorschriften, die dem Gleichbehandlungsgrundsatz zuwiderlaufen, aufgehoben werden;
b) die mit dem Gleichbehandlungsgrundsatz nicht zu vereinbarenden Bestimmungen in Arbeits- und Tarifverträgen, Betriebsordnungen und Statuten der freien Berufe und der Arbeitgeber- und Arbeitnehmerorganisationen nichtig sind, für nichtig erklärt werden können oder geändert werden.«

4. Die Artikel 4 und 5 werden gestrichen.
5. Artikel 6 erhält folgende Fassung:
»Artikel 6
(1) Die Mitgliedstaaten stellen sicher, dass alle Personen, die sich durch die Nichtanwendung des Gleichbehandlungsgrundsatzes in ihren Rechten für verletzt halten, ihre Ansprüche aus dieser Richtlinie auf dem Gerichts- und/oder Verwaltungsweg sowie, wenn die Mitgliedstaaten es für angezeigt halten, in Schlichtungsverfahren geltend machen können, selbst wenn das Verhältnis, während dessen die Diskriminierung vorgekommen sein soll, bereits beendet ist.
(2) Die Mitgliedstaaten treffen im Rahmen ihrer nationalen Rechtsordnung die erforderlichen Maßnahmen um sicherzustellen, dass der einer Person durch eine Diskriminierung in Form eines Verstoßes gegen Artikel 3 entstandene Schaden – je nach den Rechtsvorschriften der Mitgliedstaaten – tatsächlich und wirksam ausgeglichen oder ersetzt wird, wobei dies auf eine abschreckende und dem erlittenen Schaden angemessene Art und Weise geschehen muss; dabei darf ein solcher Ausgleich oder eine solche Entschädigung nur in den Fällen durch eine im Voraus festgelegte

Anhang IV Genderrichtlinie

Höchstgrenze begrenzt werden, in denen der Arbeitgeber nachweisen kann, dass der einem/ einer Bewerber/in durch die Diskriminierung im Sinne dieser Richtlinie entstandene Schaden allein darin besteht, dass die Berücksichtigung seiner/ihrer Bewerbung verweigert wird.

(3) Die Mitgliedstaaten stellen sicher, dass Verbände, Organisationen oder andere juristische Personen, die gemäß den in ihrem einzelstaatlichen Recht festgelegten Kriterien ein rechtmäßiges Interesse daran haben, für die Einhaltung der Bestimmungen dieser Richtlinie zu sorgen, sich entweder im Namen der beschwerten Person oder zu deren Unterstützung und mit deren Einwilligung an den in dieser Richtlinie zur Durchsetzung der Ansprüche vorgesehenen Gerichts- und/oder Verwaltungsverfahren beteiligen können.

(4) Die Absätze 1 und 3 lassen einzelstaatliche Regelungen über Fristen für die Rechtsverfolgung betreffend den Grundsatz der Gleichbehandlung unberührt.«

6. Artikel 7 erhält folgende Fassung:

»Artikel 7

Die Mitgliedstaaten treffen im Rahmen ihrer nationalen Rechtsordnung die erforderlichen Maßnahmen, um die Arbeitnehmer sowie die aufgrund der innerstaatlichen Rechtsvorschriften und/oder Gepflogenheiten vorgesehenen Arbeitnehmervertreter vor Entlassung oder anderen Benachteiligungen durch den Arbeitgeber zu schützen, die als Reaktion auf eine Beschwerde innerhalb des betreffenden Unternehmens oder auf die Einleitung eines Verfahrens zur Durchsetzung des Gleichbehandlungsgrundsatzes erfolgen.«

7. Die folgenden Artikel werden eingefügt:

»Artikel 8a

(1) Jeder Mitgliedstaat bezeichnet eine oder mehrere Stellen, deren Aufgabe darin besteht, die Verwirklichung der Gleichbehandlung aller Personen ohne Diskriminierung aufgrund des Geschlechts zu fördern, zu analysieren, zu beobachten und zu unterstützen. Diese Stellen können Teil von Einrichtungen sein, die auf nationaler Ebene für den Schutz der Menschenrechte oder der Rechte des Einzelnen zuständig sind.

(2) Die Mitgliedstaaten stellen sicher, dass es zu den Zuständigkeiten dieser Stellen gehört,

a) unbeschadet der Rechte der Opfer und der Verbände, der Organisationen oder anderer juristischer Personen nach Artikel 6 Absatz 3 die Opfer von Diskriminierungen auf unabhängige Weise dabei zu unterstützen, ihrer Beschwerde wegen Diskriminierung nachzugehen;

b) unabhängige Untersuchungen zum Thema der Diskriminierung durchzuführen;

c) unabhängige Berichte zu veröffentlichen und Empfehlungen zu allen Aspekten vorzulegen, die mit diesen Diskriminierungen in Zusammenhang stehen.

Artikel 8b

(1) Die Mitgliedstaaten treffen im Einklang mit den nationalen Gepflogenheiten und Verfahren geeignete Maßnahmen zur Förderung des sozialen Dialogs zwischen den Sozialpartnern mit dem Ziel, die Verwirklichung der Gleichbehandlung, unter anderem durch Überwachung der betrieblichen Praxis, durch Tarifverträge, Verhaltenskodizes, Forschungsarbeiten oder durch einen Austausch von Erfahrungen und bewährten Verfahren, voranzubringen.

(2) Soweit mit den nationalen Gepflogenheiten und Verfahren vereinbar, ersuchen die Mitgliedstaaten die Sozialpartner ohne Eingriff in deren Autonomie, die Gleichstellung von Männern und Frauen zu fördern und auf geeigneter Ebene Antidiskriminierungsvereinbarungen zu schließen, die die in Artikel 1 genannten Bereiche betreffen, soweit diese in den Verantwortungsbereich der Tarifparteien fallen. Die Vereinbarungen müssen den in dieser Richtlinie festgelegten Mindestanforderungen sowie den einschlägigen nationalen Durchführungsbestimmungen entsprechen.

(3) Die Mitgliedstaaten ersuchen in Übereinstimmung mit den nationalen Gesetzen, Tarifverträgen oder Gepflogenheiten die Arbeitgeber, die Gleichbehandlung von Frauen und Männern am Arbeitsplatz in geplanter und systematischer Weise zu fördern.

(4) Zu diesem Zweck sollten die Arbeitgeber ersucht werden, den Arbeitnehmern und/oder den Arbeitnehmervertretern in regelmäßigen angemessenen Abständen Informationen über die Gleichbehandlung von Frauen und Männern in ihrem Betrieb zu geben.

Diese Informationen können Statistiken über den Anteil von Frauen und Männern auf den unterschiedlichen Ebenen des Betriebs sowie mögliche Maßnahmen zur Verbesserung der Situation in Zusammenarbeit mit den Arbeitnehmervertretern enthalten.

Artikel 8c

Die Mitgliedstaaten fördern den Dialog mit den jeweiligen Nichtregierungsorganisationen, die gemäß den einzelstaatlichen Rechtsvorschriften und Gepflogenheiten ein rechtmäßiges Interesse daran haben, sich an der Bekämpfung von Diskriminierung aufgrund des Geschlechts zu beteiligen, um die Einhaltung des Grundsatzes der Gleichbehandlung zu fördern.

Artikel 8d

Die Mitgliedstaaten legen die Regeln für die Sanktionen fest, die bei einem Verstoß gegen die einzelstaatlichen Vorschriften zur Umsetzung dieser Richtlinie zu verhängen sind, und treffen alle erforderlichen Maßnahmen, um deren Anwendung zu gewährleisten.

Die Sanktionen, die auch Schadenersatzleistungen an die Opfer umfassen können, müssen wirksam, verhältnismäßig und abschreckend sein. Die Mitgliedstaaten teilen diese Vorschriften der Kommission spätestens am 5. Oktober 2005 mit und unterrichten sie unverzüglich über alle späteren Änderungen dieser Vorschriften.

Artikel 8e

(1) Die Mitgliedstaaten können Vorschriften einführen oder beibehalten, die im Hinblick auf die Wahrung des Gleichbehandlungsgrundsatzes günstiger als die in dieser Richtlinie vorgesehenen Vorschriften sind.

(2) Die Umsetzung dieser Richtlinie darf keinesfalls als Rechtfertigung für eine Absenkung des von den Mitgliedstaaten bereits garantierten Schutzniveaus in Bezug auf Diskriminierungen in den von der Richtlinie abgedeckten Bereichen benutzt werden.«

Artikel 2

(1) Die Mitgliedstaaten setzen die Rechts- und Verwaltungsvorschriften in Kraft, die erforderlich sind, um dieser Richtlinie spätestens am 5. Oktober 2005 nachzukommen, oder stellen spätestens bis zu diesem Zeitpunkt sicher, dass die Sozialpartner im Wege einer Vereinbarung die erforderlichen Bestimmungen einführen. Die Mitgliedstaaten treffen alle notwendigen Maßnahmen, um jederzeit gewährleisten zu können, dass die durch die Richtlinie vorgeschriebenen Ergebnisse erzielt werden. Sie setzen die Kommission unverzüglich davon in Kenntnis.

Wenn die Mitgliedstaaten diese Vorschriften erlassen, nehmen sie in den Vorschriften selbst oder durch einen Hinweis bei der amtlichen Veröffentlichung auf diese Richtlinie Bezug. Die Mitgliedstaaten regeln die Einzelheiten der Bezugnahme.

(2) Innerhalb von drei Jahren nach Inkrafttreten dieser Richtlinie übermitteln die Mitgliedstaaten der Kommission alle Informationen, die diese benötigt, um einen Bericht an das Europäische Parlament und den Rat über die Anwendung der Richtlinie zu erstellen.

(3) Unbeschadet des Absatzes 2 übermitteln die Mitgliedstaaten der Kommission alle vier Jahre den Wortlaut der Rechts- und Verwaltungsvorschriften über Maßnahmen nach
Artikel 141 Absatz 4 des Vertrags sowie Berichte über diese Maßnahmen und deren Umsetzung. Auf der Grundlage dieser Informationen verabschiedet und veröffentlicht die Kommission alle vier Jahre einen Bericht, der eine

Anhang IV Genderrichtlinie

vergleichende Bewertung solcher Maßnahmen unter Berücksichtigung der Erklärung Nr. 28 in der Schlussakte des Vertrags von Amsterdam enthält.

Artikel 3

Diese Richtlinie tritt am Tag ihrer Veröffentlichung im *Amtsblatt der Europäischen Gemeinschaften* in Kraft.

Artikel 4

Diese Richtlinie ist an alle Mitgliedstaaten gerichtet.

Stichwortverzeichnis

Antidiskriminierungsstelle 89
Abmahnung 85
Abschreckung 56
Alibischulungen 72
Alter 43
Altersdiskriminierung 43
Altersgrenze 44
Amsterdamer Vertrag 25
Angemessene Vorkehrungen 45, 88, 103
Anspruch auf Begründung eines Beschäftigungsverhältnisses 96
Anspruch auf Einstellung 54, 72
Antirassismusrichtlinie 26, 91
Anweisung zur Benachteiligung 47, 77
Anwendungsbereich 36
Arbeitnehmerähnliche Personen 39
Arbeitsvermittlung 48
Aufbau des AGG 35
Ausnahmen für Religionsgemeinschaften 52
Ausschreibung 48, 72, 75
Auswahlrichtlinien 71
Auszubildende 100

Barrierefreie Gestaltung des Betriebs 68
Befristung 95, 98
Behinderung 44, 87, 103
Belästigung 47, 53, 90
Benachteiligung 47
Benachteiligung durch Dritte 49, 102
Benachteiligung wegen des Alters 69
Berücksichtigung des Lebensalters 92

Berufsausbildung 67
Beschäftigung älterer Arbeitnehmer 68
Beschwerde 66
Betriebliche Sozialeinrichtungen 70
Betriebsvereinbarung 56, 65
Betriebsverfassung 62
Beweiserleichterung 98
Beweislast 57
Beweislastverteilung 58
Bewerbungsverfahren 72

Deutschkenntnisse 75, 85
Deutschkurse 85
Direkte Diskriminierung 28
Diskriminierungsschutz 19
Dolmetscher 86
Drittfirma 101
Druckkündigung 86

Eingliederung im Betrieb 60
Einstellung 72
Einstellungsverfahren 55
Entlassungsbedingungen 36
Entschädigung 55
Entscheidende berufliche Anforderung 51
Erleichterung der Beweislast 58
Europäisches Recht 21

Förderung geschützter Personen 68
Fristen 57

Geltendmachung individueller Ansprüche 105
Geltendmachung von Ansprüchen 57

Stichwortverzeichnis

Gender-Richtlinie 27
Geschlecht 42
Gleichstellung der Geschlechter 23, 68
Gleichstellungspläne 32
Grad der Behinderung 45
Grober Verstoß 61, 63, 101, 105

Höhe der Entschädigung 55

Integration ausländischer Arbeitnehmer 69, 85
Integrationshindernisse 69
Intelligenztest 79

Kinderbetreuung 89
Klage des Betriebsrats 62
Klagerecht 61
Kopftuch 96
Krankheitsbedingte Kündigung 44
Kündigungen 36, 50
Kündigungsverlangen 74

Leiharbeitnehmer 102
Leistungsverweigerungsrecht 51, 53, 98
Lüge bei verbotener Frage 79

Maßregelung 97
Maßregelungsverbot 49, 89
Menschenrechte 19
Merkmale 38
Mitbestimmung bei Kündigungen 73
Mittelbare Benachteiligung 76
Mittelbare Diskriminierung 29
Mittelbaren Benachteiligung 24
Musterbetriebsvereinbarungen 66
Mutterschaft 42

Nationalsozialismus 91

Personalauswahl 71
Personalplanung 70, 84
Positive Maßnahmen 25, 31, 45, 59

Prävention 101
Punkteschema 92

Quoten 25

Rahmenrichtlinie 27
»Rasse« und ethnische Herkunft 39
Rassistische Diskriminierung 39
Rechtfertigung durch Anforderungen des Berufs 51
Religion 40, 41, 52, 81, 96
Religionsgemeinschaften 52
Religionszugehörigkeit 81
Rentenalter 94
Richtlinien 21

Sachverständige 70
Sanktionen 53
Schadensersatz 54
Schadensersatzanspruch gegen die Bundesrepublik 82
Schulungen 48, 100
Schulungen zur Verhinderung von Benachteiligungen 71
Schutzmaßnahmen 48
Schutzpflicht des Staates 19
Schwangerschaft 24, 42, 64, 78
Schwerbehinderung 44
Sexuelle Belästigung 47
Sexuelle Identität 42
SGB IX 44
Soziale Auswahl 92
Sprachkenntnisse 59
Sprachkurse 66
Stellenanzeige 48

Tarifvertrag 47, 56
Tatsachen glaubhaft machen 58
Testverfahren 80

Überwachung der betrieblichen Praxis 59, 65, 84
Unzumutbarkeit angemessener Vorkehrungen 46

Stichwortverzeichnis

Verdienstausfall 54
Vereinbarkeit von Familie und Erwerbstätigkeit 68
Vermutung 58
Viktimisierung 50
Vorbeugende Maßnahmen 48
Vorschlagsrecht für die Personalplanung 71

Weltanschauung 40, 41, 91

Zeugenaussage 97
zulässige Ungleichbehandlung 51
Zustimmung zur Einstellung 48, 76

Kompetenz verbindet

Christiane Nollert-Borasio / Martina Perreng

Allgemeines Gleichbehandlungsgesetz (AGG)

Basiskommentar zu den
arbeitsrechtlichen Regelungen
2006. 208 Seiten, kartoniert

Der Kommentar gibt Betriebsräten, Personalräten und Anwälten zeitnah zum Inkrafttreten des Allgemeinen Gleichbehandlungsgesetzes (AGG) eine fundierte Orientierungshilfe, um sich schnell in das Gesetz und die Materie einzuarbeiten. An praktischen Beispielen veranschaulichen die Autorinnen, welche Gestaltungsmöglichkeiten für Interessenvertreter bestehen.

Eine umfassende, ausformulierte Musterbetriebsvereinbarung hilft, die Regelungen in die Praxis umzusetzen.

Zu beziehen über jede gut sortierte Fachbuchhandlung oder direkt beim Verlag unter E-Mail: kontakt@bund-verlag.de

Bund-Verlag

Kompetenz verbindet

Thomas Klebe / Jürgen Ratayczak
Micha Heilmann / Sibylle Spoo

Betriebsverfassungsgesetz

Basiskommentar mit Wahlordnung
13., überarbeitete und aktualisierte Auflage
2006. 668 Seiten, kartoniert

Der »kleine« Standardkommentar ist unersetzlich für alle, die sich tagtäglich mit Fragen des Betriebsverfassungsgesetzes beschäftigen. Betriebsräte finden hier die schnelle, gründliche und zielorientierte Information, die sie für ihre Arbeit benötigen. Zeitnah zur Konstituierung der neuen Betriebsräte erscheint der Basiskommentar zum Betriebsverfassungsrecht in aktualisierter Fassung. Alle neuen und wieder gewählten Betriebsräte haben damit eine verlässliche Grundlage für den Start in ihr Mandat.

Die Rechtsprechung insbesondere des Bundesarbeitsgerichtes und der Instanzgerichte ist bis Anfang 2006 eingearbeitet.

Zu beziehen über jede gut sortierte Fachbuchhandlung oder direkt beim Verlag unter E-Mail: kontakt@bund-verlag.de

Bund-Verlag

Kompetenz verbindet

Kay Stumper / Sven Lystander

Strategie und Taktik

So punkten Sie in Verhandlungen
mit dem Arbeitgeber
2006. 138 Seiten, kartoniert

Zu den wichtigsten Gestaltungsinstrumenten für Betriebs- und Personalräte zählen Betriebs- und Dienstvereinbarungen. Die Autoren erläutern, wie Sie als Interessenvertretung vorgehen sollten, damit Sie am Ende von Verhandlungen mit der Geschäfts- oder Dienststellenleitung bestmögliche Vereinbarungen unterschreiben können.

Strategie und Taktik ergänzen Ihre Zielsetzung, Argumentation und Gesprächsführung, damit Sie den Einigungsprozess möglichst ohne Verluste der eigenen Interessen durchlaufen. Das Wissen um die Positionen der Gegenseite wird dabei benutzt, um die Vorgehensweise der anderen vorherzusehen. So sind Sie bestens präpariert und bleiben handlungs- wie auch lösungsfähig.

Zu beziehen über jede gut sortierte Fachbuchhandlung oder direkt beim Verlag unter E-Mail: kontakt@bund-verlag.de

Bund-Verlag